AF500917

ROYAL — TOUSSAINT

Décentralisation

Polémique entre Royaliste et Républicain

(AVEC UNE CARTE)

IMPRIMERIE E. THOMAS, MALZÉVILLE-NANCY

1906

AVANT-PROPOS

Ce projet de décentralisation s'adresse aux FRANÇAIS PATRIOTES et *à eux seuls.*

Faisant appel au bon sens de tous les partis politiques ou religieux, il se tient également éloigné de l'internationalisme rouge ou noir.

On ne trouvera dans son texte aucun mot de haine, ni contre les protestants, ni contre les catholiques, ni même contre les francs-maçons.

L'initiateur, un primaire s'adressant à des primaires, souhaite ardemment que par son culte envers la France et son profond respect de la Liberté, ce projet venant après tant d'autres, fasse naître un courant d'opinion qui en hâte la réalisation.

Nancy, 1er Juillet 1906.

Décentralisation

Le Roi protège et ne gouverne pas ! C'est la formule de la vraie décentralisation !

Si hardie qu'elle paraisse aux traditionalistes, par la diminution apparente du pouvoir royal, ou aux évolutionistes, par le retour d'un roi, je pose, comme absolument exacte, cette formule qui ne pêche que par une concision un peu brutale, et je souhaite que les vrais amis de la liberté se donnent la peine d'en apprécier la portée sérieuse.

La décentralisation a existé aux époques d'enfantement de la société, au moyen âge; mais, comme les ducs étaient héréditaires dans leurs provinces au même titre que le roi l'était dans une France endolorie, il existait, de ce fait, un dualisme qui devait aboutir à la centralisation. Ah, certes, elle eut ses périodes, brillantes sous Louis XIV, glorieuses sous Napoléon Ier ; mais, entre ces deux règnes, se place un événement dont il faut tenir compte, pour si fâcheux qu'on le tienne à plus d'un point de vue, événement qui engendra, soixante ans plus tard, le suffrage dit universel. J'estime que tout retour à la décentralisation doit faire état du droit de vote, bien que quantité de raisons sérieuses viennent en infirmer l'étonnant emploi, en signaler les abus inqualifiables et montrer par quels appâts grossiers on amorce la classe pauvre. Mais, on perdrait son temps à vouloir remonter ce courant ***bourbeux***, ***à cause de la centralisation***.

Canalisons le par la ***décentralisation ;*** il se clarifiera. Faisons de l'hygiène politique.

Le comte de Chambord, un des plus honnêtes Français de son temps, voulait sérieusement décentraliser dès son retour en France !

C'est une gloire, pour l'élite de nos concitoyens, d'avoir écrit le ***Programme de Nancy***, accepté par les éléments avancés sous l'Empire.

Louis Veuillot saluait le prétendant du titre de : Président des républiques régionales françaises, vers 1873.

Vingt ans après, un brillant écrivain royaliste, remplaçait ***Président***, par ***Protecteur*** des mêmes ***Républiques***.

Il existe une ligue décentralisatrice, depuis dix ans.

Celle de l'Entente nationale est à base de décentralisation.

Un groupe de Renaissance provinciale se forme actuellement.

Nancy a une ***Union régionaliste lorraine*** qui s'inspire du Programme de 1865.

De toute part, la ***centralisation***, qui n'aura produit qu'un « Bloc » ennemi de la Liberté, est battue en brèche, et avec raison ; car elle est le « Grand bazar » politique où tout se vend à o fr. 95 pour avoir l'air de compter au plus juste. Mais au fond on n'en donne pas pour son argent ; on ruine le petit commerce, la main-d'œuvre consciencieuse, le producteur libre !

ROYAL.

* *
* * *

SIMPLE RÉPONSE

—

17 juillet 1906.

Au Colonel Royal.

Pourquoi, mon colonel, pensez-vous que seule la Royauté peut nous assurer en France la décentralisation ? Je sais que, pour cette affirmation, vous vous inspirez des doctrines de Charles Maurras, disciple lui-même de Maurice Barrès. Or Charles Maurras nous a convaincus, dans sa brochure « Décentralisation », des bienfaits d'un régime fédéraliste et nationaliste ; mais il ne concluait pas encore, à cette époque (1900), à la Monarchie !

Au reste, il est avéré que la décentralisation est une idée républicaine. Qu'il y ait eu des provinces sous l'ancien régime, c'est un fait ; mais le roi de France a acquis les provinces déjà existantes, à la suite de guerres ou de mariage ; mais il n'a nullement constitué lesdites provinces, dont il voulait au contraire l'asservissement à Paris. Dans l'histoire de Paris, l'attitude d'Etienne Marcel est déjà une tentative d'insurrection fédéraliste contre la centralisation monarchique — et la lutte en faveur de l'autonomie communale et des libertés locales au XIVe siècle ne fut qu'une suite de guerres avec l'autorité. Plus tard, sous Louis XIII, Richelieu faisait la guerre aux seigneurs, — en Lorraine, mon colonel, contre les ducs de Vaudémont — par besoin de centralisation.

Suivons l'histoire : la Révolution française a été, dans son principe, un effort pour dégager des éléments vivants qui voulaient concourir aux destinées du pays et que l'absolutisme royal accablait ou asservissait. Les *cahiers* de 1789 protestaient contre la mainmise du pouvoir royal sur les droits locaux.

L'Empire, je vous l'accorde, après la période révolutionnaire, après les guerres qui ensanglantèrent l'Europe, eut recours à une nouvelle centralisation excessive pour refaire la France !

Mais que firent la Monarchie de Louis XVIII et celle de Charles X en faveur de l'idée ?

Ne croyez-vous pas que le démocrate-socialiste Proudhon a vu juste quand il a prononcé la formule : « Qui dit république et ne dit pas fédération ne dit rien ! Qui dit liberté et ne dit pas fédération ne dit rien ! Qui dit socialisme et ne dit pas fédération ne dit encore rien ! »

Et le sdécentralisateurs de Nancy, qui dans le programme de 1865, écrivaient :

« Ce qui est national à l'Etat ; ce qui est régional à la région ; ce qui est communal à la commune. »

Les chefs du mouvement communaliste de Paris en 1871, — je ne parle pas des « apaches », mais des convaincus, — furent animés d'intentions fédéralistes et socialistes à la fois, et MM. Vaillant et Allemane, députés de Paris, aujourd'hui encore, inscrivent dans leur programme la décentralisation et les libertés locales, et, de ce fait, gardent la véritable tradition des socialistes.

Aux dernières élections législatives, lisant, à Paris, les professions de foi et les programmes des candidats socialistes, patronnés par ***L'Humanité*** et se recommandant de la ***Section Française de l'Internationale ouvrière***, je notais, sur les affiches de M. Rozier, aussi bien que sur celles de M. Rouanet, le passage relatif à la ***Décentralisation*** administrative et à l'***autonomie*** communale : c'est vous dire, mon colonel, que les socialistes unifiés, eux-mêmes, dont les chefs sont Jaurès et Guesde, réclament l'application des idées qui nous sont chères.

Croyez-vous, franchement, en toute sincérité, sans parti pris, que la Royauté soit nécessaire à la France pour établir le système décentralisateur ?

Vous prétendez, vous, royalistes, vous arroger le droit de faire l'application des idées qui nous sont communes !

Mais, puisque vous êtes le parti, mais pas le seul, du traditionalisme, du nationalisme et du patriotisme, jetez un coup d'œil sur l'histoire de la France, de l'Ancien Régime, et vous conclurez vous-même que les arguments en votre faveur sont maigres. Je vous avoue qu'à mon sens, Royauté et Décentralisation sont deux idées, peut-être compatibles, mais différentes !

En tous cas, il est un fait acquis : Royauté, Empire, République parlementaire, le régime actuel également, ne peuvent que favoriser la centralisation. Aucun de ces régimes ne peut permettre l'établissement de l'autonomie communale, l'application du système fédéraliste, en un mot la décentralisation administrative.

Il faut chercher ailleurs la formule magique de la vérité, comme disait dernièrement Clémenceau à la tribune du Parlement.

Je vous en supplie : Au nom de l'histoire, au nom des faits, n'accaparez pas le monopole de la Décentralisation.

Vous êtes des décentralisateurs ; c'est parfait ; mais n'oubliez pas que vous avez, pour compagnons de lutte, des socialistes comme Vaillant et Allemane; des radicaux-socialistes comme Louis Martin, Millerand, Massé; des radicaux comme Beauquier, Doumer, Puech; des progressistes comme Deschanel, Aynard, Ribot, Marin ; des nationalistes comme Maurice Barrès, Tournade, Spronck ! !

Il faut s'appeler Burdeau, Floquet, Brisson, pour être ennemis de nos idées communes, qui ne respirent que la liberté et la justice sociales.

Voici ce que notre compatriote, notre maître Maurice Barrès, disait aux électeurs du premier arrondissement de Paris, en mai 1906 : « Je demande la révision de « la Constitution, la réorganisation du « Suffrage universel par le scrutin de liste « et la représentation proportionnelle..., « une organisation *décentralisée*, *autonome* des intérêts *locaux*, et *régionaux*, « sous la réserve de ne pas porter atteinte « à l'Unité Nationale et aux droits de « l'Etat. Cette décentralisation entraînerait l'Etat à abandonner aux budgets « locaux la direction et la charge de certains services aujourd'hui centralisés. « Nos finances seraient réglées avec plus « d'économie, si le contribuable voyait « de près établir et dépenser les impôts « qu'il fournit... ».

Certes, nous pouvons avoir foi dans Barrès, lui qui avec tant de raison protesta toujours contre l'annexion de l'Alsace-Lorraine, contre la centralisation, contre le déracinement.

Je suis convaincu pourtant, mon colonel, que la différence de nos conceptions politiques n'exclut pas la sincérité de nos convictions, ni la valeur de nos préférences.

J'ai argumenté contre vous ; mais je ne conclurai pas, parce que nous sommes, l'un et l'autre, des ouvriers de la petite maison *lorraine* et du grand bâtiment *français* ; et, parceque, hélas, ce qui manque à beaucoup de nos contemporains, nous avons, nous, un idéal.

Nous reparlerons, quand vous voudrez,

de nos conceptions qui ne peuvent que fortifier nos sentiments, raffermir nos intelligences.

En politique, comme dans la vie, l'homme doit être à la recherche d'un idéal : il faut un idéal !

Maurice TOUSSAINT.

* *
* * *

24 juillet 1906.

A mon jeune contradicteur.

J'ai conscience d'avoir marqué par la formule : ***Le Roi protège et ne gouverne pas***, ce qu'il faut penser de la ***Décentralisation radicale royaliste***. Cette formule contient tout un programme, qui concilie : et la ***Liberté*** et le ***Patriotisme***.

Le résumé d'histoire que fait M. Maurice Toussaint peut être tenu pour exact ; et, ici, je suis porté à faire comme les plus avancés de certains groupes de gauche, à couvrir, de fleurs et de respect, les efforts surhumains des chefs de communes, des Ducs de régions, et leur souverain, le chef d'Etat, puisque tous ont FAIT la France. Seulement, Toussaint, et les plus avancés, semblent me dire : Elle est faite, notre France, que voulez-vous de plus ?

Ce que je veux : ***C'est qu'on ne la défasse pas !***

(Chacun sait que, s'il est difficile d'acquérir, il est plus difficile de conserver.)

Ce que veulent les groupes avancés : c'est que la forme républicaine seule préside aux transformations sociales.

Les gouvernements régionaux répondent à ce besoin.

Ce que veulent les groupes patriotes : c'est que l'armée, qui ne peut avoir sa valeur propre, sa puissance maxima, qu'en tant qu'on la laisse dans sa sphère de *caste*, que l'armée soit entre des mains que la politique n'aura pas « ankylosées ».

Oui : ou pas d'armée du tout ! ! Ou une armée (les cadres) « Caste », avec le service d'***un an renforcé***.

Ce matin encore, de braves gens me disaient : « Mais voyez la Suisse, les Etats-Unis ! ce sont des Républiques ! » Parfait !

Mais les 22 cantons et les 48 états sont décentralisés. Je concède à mon ami Toussaint que ce n'est pas le fait de la royauté (1) pour ces pays, mais j'estime que, quand on a l'honneur d'être la France, on ne doit pas changer le chef suprême de l'armée tous les sept ans. On ne confère pas pareil honneur à des bonshommes quelconques.

Et, maintenant, donnons la suite du projet de décentralisation, pour avoir la suite à : ***A une simple réponse !***

Nous aurions voulu suivre méthodiquement le développement de nos idées sur la décentralisation radicale royaliste

---

(1) Cependant Louis XVI y fut bien pour quelque chose.

et ne pas anticiper ; mais, en présence des faits monstrueux qui mettent un crêpe au drapeau de la France, nous nous serrons anxieusement contre sa hampe pour vendre chèrement notre vie, et nous redisons la première partie de notre formule : *Le Roi protège.* Quoi ?... La France et ses possessions.

Ce qui veut dire que l'armée de service obligatoire personnel est entre les mains de son chef naturel : le roi héréditaire.

L'Armée est donc soustraite à toute influence politique régionale.

L'Armée est uniquement au service de la France, tout comme son chef suprême, qui en est le premier soldat et le législateur permanent.

L'armée est la seule branche de vie nationale qui soit centralisée.

Et, si le roi de France, jeune, actif, plein de désir de guider, dans la voie de l'honneur, cette armée que ses ancêtres conduisaient à la victoire, si le Roi était à sa place ! est-ce qu'on verrait l'antipatriotisme, l'antimilitarisme (son avant-garde), des pratiques électorales régimentaires empoisonner la troupe, après que le dreyfusisme a contaminé le commandement !

Est-ce qu'on verrait 447 députés contre 27, dire qu'un lieutenant-colonel mis en réforme, *avant* deux ans de grade, sera nommé général de brigade sans avoir été colonel, de plus, son grade de général remontera à trois ans !!! Si bien que dans un an, il pourra être divisionnaire.

Verrait-on, enfin, 473 de ces mêmes

députés, contre 32, décider qu'un capitaine, condamné par deux conseils de guerre et les déclarations de cinq ministres compétents, soit promu au grade supérieur et fait chevalier de la Légion d'honneur.

Naturellement les sénateurs font chorus. (Ceux de Lorraine *s'abstiennent* bravement.)

Mais non, on ne verrait rien de tout cela, par la raison : d'abord, qu'il n'y aurait ni une seule Chambre des députés, ni de Sénat, et qu'ensuite, le Roi n'introduirait, dans les bureaux du Ministre de la Guerre, aucun élément douteux, aucun officier..... de ceux qui ne trahissent jamais..... nous nous comprenons ! (et même je crois qu'il se priverait totalement de leurs services).

Le Roi ne prendrait son Ministre de la Guerre que parmi les généraux. Son Ministre de la Marine serait un amiral. Le Ministre des Affaires Etrangères sortirait des familles où la tradition est un culte.

Le Président du Conseil d'Etat reprendrait la longue suite de ces magistrats intègres, que l'ancien régime a connus.

On ne verrait jamais plus de vaudevillistes, d'agents de change, de journalistes, de chimistes en rupture de cornues, de voyageurs en apéritifs, toute la longue théorie des *spécialistes à tout faire*, témoignages vivants et trop payés, de l'état d'abaissement dans lequel se débat le peuple français ; je n'en excepte pas même la « vraie France ! » car du moment où elle laisse faire le mal, ou bien elle est complice, ou bien elle ne compte plus !

La France *vraie* ou *fausse* semble être la *race bâtarde* (Mixed), *race inférieure*, suivant le mot du Juif Anglais Disraëli, qui voyait dans sa race, éternelle ennemie de la nôtre, une race pur sang ? qu'on peut écraser, mais qui se relève ! ? !

Eh bien non, il y a des *purs sangs* en France, ce sont les *catholiques royalistes*, donc patriotes. Un jour viendra où ils feront reculer les juifs républicains, apôtres de la grande salade universelle.

Les « purs sangs » de France valent bien les prétendus « purs sangs » de Judée.

ROYAL.

* *
* * *

31 juillet 1906.

Au colonel Royal.

L'homme, vous disais-je, l'autre jour, mon colonel, doit avoir un idéal. J'espérais, au cours de cette polémique, dans votre réponse, une demande d'explications à ce sujet. Comme il n'en a rien été, je vais vous en parler ; cela, pour vous, ne manquera pas d'intérêt.

Royalistes ou républicains, nous sommes de bons Français.

Je vous ai fait valoir les raisons qui me séparaient de la cause royaliste ; je voudrais, aujourd'hui, vous indiquer les motifs qui m'éloignent également du parlementarisme et du système du referendum plébiscitaire, et vous donner, ensuite, la conception d'un troisième régime, mon *idéal*, si vous voulez, que vous pourrez juger et critiquer tout à votre aise.

Le parlementarisme favorise l'introduction, en France, des éléments étrangers, des métèques ; ce principe de gouvernement est, à mon avis, tel qu'il fonctionne actuellement, un agent de centralisation, capable de ne se maintenir, de ne vivre, qu'en étendant tous les jours la grande toile administrative et bureaucratique. Tous ces défauts n'empêchent pas nombre de républicains-parlementaires d'être de fervents décentralisateurs. Le régime plébiscitaire, dont je sais beaucoup d'adeptes parmi mes amis parisiens ne me donne pas satisfaction non plus ; la pratique de « gouvernement du peuple, par le peuple et pour le peuple », de cette sorte de République impériale, rend, je crois, totalement impossible l'adoption et la mise en vigueur de lois d'ordre fédéraliste. Je m'empresse d'ajouter que je n'ai pour Paul Déroulède, pour Marcel Habert, pour Henri Galli, que de l'admiration et de la sympathie, et que je compte, à Paris, beaucoup d'amitiés parmi les membres de la *Ligue des Patriotes* et les lecteurs du *Drapeau*.

Me voici, mon colonel, à un chapitre délicat, un idéal national et social qui m'est propre, du moins dont je n'ai jamais eu l'occasion de parler ici ; c'est vous qui me la procurez, je vous en remercie. Je suis partisan de l'organisation d'un système démocratique mi-parlementaire, mi-plébiscitaire, qui, dans l'élection du président de la République, consisterait à réformer le régime actuel et à prendre à la fois quelques idées plébiscitaires. Expliquons donc clairement, puisque la clarté, comme la discussion du reste, fait jaillir la lumière. Je rêve une République nationale et sociale où, le Parlement et le Sénat dissous, et remplacés par des assemblées régionales, des Parlements provinciaux, le Président de la République serait élu par un groupe de citoyens élus eux-mêmes parmi ceux ayant le plus de poids moral, faisant autorité en matière politique. Les urnes ne circuleraient pas seulement, pour ce genre de vote, parmi les conseils généraux ; la participation serait plus étendue ; et, sans être directe (système plébiscitaire), elle ne serait pas restreinte (régime parlementaire). Il me semble que ma théorie politique est très défendable, après nous être mis d'accord sur le mot ***élection***. Vous me répondez, vous : « ***Hérédité***, parce qu'une élection évoque le souvenir de la Pologne. » Sans doute, mais regardez l'exemple de la Fédération suisse. Et, si votre roi est un génie et son fils une nullité, quel sera le remède pratique ? Un remplacement, me direz-vous. Mais ce sera encore l'anarchie, la discorde dans le pays !

Vous parlez de l'armée, mon colonel ? Mais, dans votre idéal comme dans le mien, elle est soustraite à la politique, et, seule de toutes les organisations sociales existantes, à la décentralisation. Dans mon système, vous ne verrez pas non plus 473 députés réhabiliter un traître ; en pareille occurence, les élus du peuple n'auraient aucun pouvoir.

A chacun son portefeuille, me dites-vous. Dans ma pensée aussi, le temps des agents de change, des marchands de décorations, des escrocs, des marchands d'absinthe serait passé. Mais qui empêcherait le Président de la République de faire choix d'un général, d'un amiral, d'un ingénieur, d'un diplomate pour les divers ministères, chacun à sa place.

Avant tout, mon colonel, il faudrait faire la décentralisation, et, pour ce, rétablir les provinces, condition essentielle de notre fédéralisme.

Notre devoir serait, alors, de maintenir, à l'intérieur, la centralisation militaire, à l'extérieur, l'unité de la puissance maritime, de la défense coloniale, de la diplomatie, afin d'empêcher la France de devenir une ***poussière de nations.***

Maurice TOUSSAINT.

* * * * *

7 août 1906.

A mon jeune ami Toussaint.

Permettez qu'avant de discuter sur vos dernières objections, je revienne vers quelques-unes de celles que vous m'avez présentées dans votre première lettre :

Oui, je pense à la Royauté, mais dans une mesure qui paraîtra tellement restreinte, aux royalistes anciens, que je suis en passe de m'aliéner leurs sympathies, sans pour cela avoir beaucoup gagné du côté socialiste, ce dont je ne m'alarme guère. Dans tout progrès, il faut prévoir une période de transition qui a parfois l'apparence d'un échec, mais qui n'est qu'une partie un peu plus raide de la pente qu'il faut gravir. Je ne dis pas que la Royauté peut seule nous assurer la Décentralisation ; mais j'affirme qu'elle seule est capable de garantir l'existence nationale, territoriale, pendant la redoutable, mais féconde expérience que les ***républicains régionaux*** feront de la **Liberté,** à laquelle jusqu'ici ils ont toujours tourné le dos.

Louis XVIII avait à batailler contre le Jacobinisme et son dérivé, l'Empire. Il eut le dessous pendant cent jours ; puis, M. de Villèle, un de ses ministres, proposa le retour aux provinces ; c'était imprudent pour l'époque. Charles X ne régna que six ans. Du reste, les séditions militaires et le régicide ensanglantaient la « Restauration ». Le moment eut été mal choisi pour décentraliser.

Je loue beaucoup notre illustre compatriote Barrès, de m'avoir fait connaître les affirmations si nettes que formulait Proud'hon ; je ne les reproduis pas ; elles sont article de foi, pour tout décentralisateur loyal ; vous les avez mises bien en vedette, et vous avez eu raison.

Les dix-neuf Lorrains, signataires du ***Programme de Nancy*** (1865) étaient royalistes, n'en doutez pas ; et, si quelques-uns ont fait souche de parfaits opportuno-socialistes, c'est la petite exception. Les rares survivants que j'ai l'honneur de saluer, sont de fidèles royalistes et des décentralisateurs qui ne désespèrent pas.

Nous avons besoin de toutes les bonnes volontés, surtout si elles sont énergiques, pour mener la campagne qui tôt ou tard, aboutira à la *Décentralisation radicale* (n'ayons pas peur des mots)! Nous savons que l'énergie ne se trouve à dose suffisante que chez les **extrêmes** de *droite ou de gauche.*

Nous, les néo-royalistes, nous ne rêvons pas : « Brevet d'invention » ; mais nous avons la *loyauté* de dire : Un Roi se connaît mieux, en affaires nationales, que la masse amorphe des électeurs, braves gens !

Nous avons la *franchise* de dire : Les électeurs d'une région savent mieux ce qui leur est nécessaire dans leur région que le Roi lui-même.

N'est-ce pas paraphraser la formule du programme de Nancy, que vous rappelez avec raison ?

Quant à tous ceux : communalistes, collectivistes, radicaux-socialistes, nationalistes, dont vous citez les noms, je ne crains pas de leur dire : « *Touchez-là. Marché conclu !* Faites appliquer vos idées dans les régions qui les auront acceptées. *Nous sommes d'accord, si vous vous en remettez au Roi héréditaire*, du soin de surveiller Guillaume II ou Edouard VII. »

C'est en tous points ce que réclame ce chef d'industrie, quand il dit à M. A. Beaumann : « Que le gouvernement « monte la garde à la frontière et nous « laisse la paix pour le reste. Nous som- « mes assez grands garçons pour faire « nos affaires nous-mêmes. » (*Action française* du 15 juillet 1906.)

Vous me rappelez que l'homme a besoin d'idéal. C'est vrai pour l'homme cultivé. L'idéal : c'est Dieu pour le chrétien et je le suis ! L'idéal : c'est la Raison humaine pour le libre-penseur ! Il est aussi un idéal qui tient plus au cœur des monarchistes qu'à celui des polyarchistes : c'est le patriotisme !

Or, quand vous dites : « Royalistes ou républicains, nous sommes de bons Français », vous exprimez, quant aux républicains d'*aujourd'hui* une généreuse illusion.

De ces derniers, il faut faire une très large part que nous nommerons : les *confiants*, et une part très faible : celle des *malins*, c'est l'état-major ; il est entre les mains du juif, cet être collectif admirablement doué pour la tyrannie à son seul profit. C'est par les malins, qui acceptent l'antipatriotisme, avec ses stupéfiantes conséquences, que sont conduits les confiants ; où les mène-t-on ? Ne leur demandez pas ; ils s'en rapportent à leurs conducteurs, républicains comme eux, et tout va de chutes en chutes, jusqu'à la culbute finale. Celle qu'ont connue les Grecs, les Romains, les Polonais !

Je vous prie de me dire si c'est cela être bon Français ?

Vous rêvez d'une république nationale et sociale, avec des parlements provinciaux. Cela peut aller. Mais votre rêve devient un cauchemar quand vous demandez un président élu par des citoyens faisant autorité en matière politique : bornez-vous donc à recommander l'élection pour les seuls présidents des républiques régionales ; ce sera parfait et digne de l'ère nouvelle. Ne souhaitez pas le changement périodique de celui qui doit avoir l'esprit en éveil, l'oreille tendue vers toutes les trames ourdies, par l'étranger, contre notre influence et nos intérêts français !... Réfléchissez, je vous prie. Car, l'élu qui émerge de la mare stagnante, tous les sept ans, ne sait rien ou presque rien des affaires extérieures. Et, alors, ce sont les bureaux qui insinuent leurs volontés ; or, si on n'achète pas un Président de République on n'a qu'à mettre le prix pour ***séduire*** des employés de ministères et les Anglais sont si riches !

Ces lignes contiennent la réponse péremptoire à la question de l'hérédité, dont vous ne voulez point. C'est au nom de la garde de la France, c'est pour ne pas être une ***poussière de nations***, que nous repoussons l'élection pour le ***Chef de notre action extérieure !***

Qu'en toute autre matière, la forme républicaine, essentiellement variable, se donne libre carrière, rien de mieux ; nous l'avons dit et le répétons.

Et, maintenant, marchons de l'avant !

Un peu d'histoire de France en trois lignes :

Sous la domination romaine, la Gaule compte : 12, 14, puis 17 provinces.

Vers la fin du IXe siècle, la France est partagée en 29 fiefs.

En 1621, les Calvinistes, enfermés dans La Rochelle, décrètent la division de la France en huit républiques fédératives. (Ce décret resta lettre morte.)

Je passe la division en 32 provinces.

De nos jours, je lis que : « de Brumaire à Sedan, les républicains, malgré Auguste Comte qui demandait la division de la France en 17 intendances autonomes, gardent, contre le mot « fédéralisme », une défiance qui remontait à la lutte entre montagnards et girondins. » Et je dois faire remarquer que les républicains ne voulaient pas de fédéralisme qui fut sous la protection d'un monarque : mais qu'aussitôt l'empire à bas, ils s'empressèrent de donner à leur révolte, en 1871, un sens fédéraliste, avec le socialisme pour base.

C'était, tout comme aujourd'hui, de la pure *centralisation* rouge, au lieu de tricolore qu'elle avait été et qu'elle redevint.

ROYAL.

* *
* * *

15 août 1906.

Au Colonel Royal.

Si comme vous le prétendez, mon colonel, le système héréditaire est préférable au système électif, vous n'avez pas répondu à la question que je vous posais : « Que ferez-vous, lorsque le fils d'un roi intelligent sera fou ou faible d'esprit ? Pourrez-vous laisser un incapable à la tête de la France ? Prévoyez-vous la façon dont vous mettrez tous les Français d'accord sur le choix du prétendant, du remplaçant ? »

Je vous avoue mon ignorance, lorsque vous me dites : « Un Roi se connaît mieux en affaires nationales que la masse amorphe des électeurs, braves gens ! » Qu'Henri IV, un modèle de roi, celui-là, ait senti les aspirations nationales de son peuple, que Louis XIV, malgré ses maladresses politiques et ses dépenses excessives pour Versailles, ait fait de la bonne politique française, je ne vous le contesterai pas. Mais qui me dit que leur descendant, Monseigneur le duc d'Orléans, dont la famille n'est plus au pouvoir depuis soixante ans, se sent capable, malgré toute son intelligence, tout son cœur, toute sa raison, de gouverner les Français ? Qui me prouve que Philippe a le sens politique suffisant pour régner sur un pays comme le nôtre ?

N'estimez-vous pas, mon colonel, abstraction faite un instant de nos préférences politiques réciproques, que le système républicain, exposé par moi l'autre jour, aurait sa raison, en ce sens que ce serait véritablement l'expression de la volonté nationale? Libéré de la tutelle parlementaire, de cette fausse doctrine politique, qui ne repose que sur la corruption, le vol, les promesses, la fraude (résultantes de la centralisation), mon système préféré aurait sur le régime actuel l'incontestable supériorité de posséder un Président de la République élu par des politiques honnêtes, désintéressés, soucieux seulement des intérêts français, affranchis de toute servitude, de toute domesticité, et de permettre l'organisation de républiques régionales, l'établissement d'un pacte fédéraliste national.

Mon idéal vaut également, parce que ce régime nous assurerait l'autorité et la patrie en haut, la décentralisation et la liberté en bas; nous aurions des réformes que seul permet le système républicain; nous serions loin de l'utopie plébiscitaire, qui aurait du sens dans les affaires provinciales et communales, mais qui, dans les affaires de l'Etat, nous menacerait d'une République impériale ou consulaire. Si nous étions par malheur gratifiés de ce régime césarien, la belle occasion de répéter ce jour là le mot de d'Aguessau: « Le peuple, quand il est maître, a ses flatteurs comme les rois! » Axiome frappant, ayant du moins le mérite de n'avoir jamais été contesté!

Or le peuple français veut la République; quoi que vous fassiez, vous ne lui arracherez pas le bulletin de vote, vous ne lui reprendrez pas le suffrage universel que nos pères conquirent en 1848. Oui, avec toutes ses faiblesses, avec toutes ses erreurs, le gouvernement démocratique respecte la liberté. M. Janicot, M. Charles Maurras, écrivent quotidiennement, sans être inquiétés, leurs articles antirépublicains ; leurs insultes n'ont jamais produit la suspension, l'interdiction de *La Gazette de France*, de l'*Action Française*, du *Soleil*. En Russie, au contraire (et l'exemple est frappant), il ne se passe pas une journée qu'on interdise l'édition de quelque organe suspect de sympathie pour les juifs, les révolutionnaires ou les socialistes ; et ce, *sine die*. Je suis loin, du reste, de le désapprouver.

Et, je vous en supplie, mon colonel, ne dites pas que la république et l'antipatriotisme, c'est tout comme. Etaient-ils antimilitaristes, ces sans-culottes républicains, qui combattaient à Valmy autour du futur Louis-Philippe, qui repoussaient l'armée prussienne de Brunschwick au-delà de l'Argonne ? Etaient-ils sans patrie, ces jeunes Parisiens, dont je salue respectueusement la mémoire, qui moururent au Tonkin, au Dahomey, à Madagascar, en Chine ? Paris, certes, n'est pas royaliste ; pourtant quel Parisien ne sent pas son cœur vibrer au passage d'un régiment ? Plus d'un ouvrier de Pantruche, croyez-le, laisse tomber une larme devant le drapeau français, qu'il salue devant le Château-d'Eau ou l'Ecole militaire. C'est que ces trois couleurs lui rappellent la division de l'Est où il a servi ! J'ai parlé avec ces gens-là ; ils ne sont pas suspects, ce sont de bons socialistes ; mais bien peu prendraient le train pour Bruxelles le jour de la déclaration de guerre. Des sergents de Nancy m'assurent même que ce sont des tireurs émérites, les plus endurants, les moins grincheux, les meilleurs soldats. Vous, mon colonel, qui les avez eux sous vos ordres, vous devez en savoir plus long que moi sur l'esprit qui anime ces enfants de la capitale.

Mais revenons à notre sujet. Votre Maître, que j'admire beaucoup, dont je lis les œuvres avec amitié, M. Léon de Montesquiou, disait à Nancy, au cours de sa conférence en mai 1904 : «.... il n'y a pas de gouvernement à l'abri de faute possible.... »

Evidemment ; et la meilleure preuve, c'est que la loi sur la séparation de l'Eglise et de l'Etat, par la maladresse de ceux qui la conçurent, peut être comparée à la Révocation de l'Edit de Nantes. Laisser partir à Berlin et ailleurs les secrets de nos industries nous donne une jolie idée de l'intransigeance de Louis XIV, du sectarisme clérical de la Monarchie. L'assassinat de cet admirable soldat, de cet intrépide explorateur, le marquis de Morès, que nous pleurons encore, n'est-elle pas aussi honteuse que la condamnation à mort injustifiée, imméritée, du vaillant maréchal Ney ? Massacré par ordre de la Juiverie ou fusillé sous la Terreur Blanche, c'est également un crime d'Etat. La perte de l'Inde ou de l'Egypte (Fachoda) sont aussi tristes pour l'histoire nationale. Nos petits-fils auront facile d'établir un parallèle entre la tenacité de Dupleix et la bravoure du colonel Marchand. La Conférence d'Algésiras et la perte du Canada sont aussi regrettables. A tout compte faire, ***les quelques arpents de neige***, dont parlait Voltaire, à propos du Canada, valent bien les doctrines perverses du ***Matin*** du spirituel Harduin, ou les erreurs historiques de l'***Humanité***, de Jaurès. N'estimez-vous pas que le casserolage maçonnique eut un précédent avec l'éloignement de l'armée, après les Cent-Jours, des officiers bonapartistes ?

Je sais que vous pouvez vous recommander d'écrivains éminents comme Balzac, Le Play, Bourget, dont l'esprit a du poids, dont les livres font autorité. Mais dites-moi : Au nom de quel principe le premier Capétien ***prit-il*** la couronne ? Car, il faut bien en convenir, la Monarchie est moins vieille que le sol français. Est-ce que nous, Lorrains, qui n'eûmes qu'à souffrir, lors de notre autonomie, de la monarchie française, nous aurions tort de nous réclamer de ces républiques messine, touloise, de la ville libre de Strasbourg qui, bien que française depuis 1681, n'en resta pas moins une démocratie dans la ***monocratie***. Nous avons le sens, le jugement républicains, nous qui estimons que seule, la république peut permettre le développement de l'initiative, l'épanouissement de l'individualisme (tout en respectant la terre et les morts).

Quoi ? Vous ne pouvez pas nier que l'histoire de nos ducs lorrains, qui eurent plus d'une fois maille à partir avec la royauté française, ne nous inspire guère l'amour de la monarchie.

Pour faire une royauté, mon colonel, je suppose que vous trouviez les éléments dans le peuple. Mais aurez-vous cette noblesse de Cour, nécessaire, n'est-ce pas, à l'organisation de votre régime, et que possèdent les monarchies anglaise, espagnole, allemande ? J'attends votre réponse.

La plupart des Français, me direz-vous aussi, après Maurras, sont des républicains de sentiment. Vous avez raison, mais il est répugnant de passer pour un renégat. C'est que j'attache une grande importance aux mots. Oui, mon colonel, c'est un défaut français, dont je n'ai pas encore eu souci d'être exempt !

Maurice Toussaint.

* *
* * *

31 août 1906.

A mon jeune ami Toussaint.

Je me reprocherais de ne pas répondre à cette ***objection-cliché :*** « Et si votre Roi est un génie et son fils une nullité ? » Ce cas, si j'en juge par l'histoire des Etats étrangers comme par notre propre histoire, est excessivement rare. Examinons-le néanmoins.

L'hérédité fait prévoir une Régence le cas échéant. Si la nullité de l'héritier était incurable, il y aurait intérêt national, donc primant tout droit, à ce que le titre de Roi (chef de l'action française extérieure) passât à un proche parent.

Mais est-ce que les assemblées régionales interviendraient? Nullement! La famille royale présenterait et le Conseil d'Etat agréerait le successeur. La garantie du choix serait du fait de l'action du Conseil, émanation supérieure des régions, suffisamment sérieuse et propre à rassurer les français. Du reste, la famille royale aurait tout intérêt à ne présenter pour Roi que le meilleur de ses membres, traditionaliste de race. N'oublions pas que le traditionalisme est : non la seule, mais la première des vertus qu'aurait à pratiquer le Roi.

Je vais aussi au devant d'une ***objection-type:*** « Et Charles VI. » Sa folie est classique, elle est également la seule qu'enregistre notre histoire. Monté sur le trône en pleine guerre de Cent ans, il n'a pour appuis que des grands seigneurs rivaux. L'Angleterre triomphe, au point qu'à sa mort, le jeune Henry VI, son ennemi, est acclamé Roi de France en plein Paris (1422). C'est qu'en ces temps comme de nos jours, la France était folle comme son roi. Elle avait ses intellectuels dans l'Université, ses Thalamas, ses Clémenceau, dévoués à une ***entente tellement cordiale*** que « l'écusson d'Angleterre, accolé à celui de France, remplaça la monnaie de Charles VI » (H. Martin).

Mais pourquoi ne voir qu'un Roi sans lien national et d'esprit surmené? N'est-il pas plus sensé de voir un Roi protecteur de la Confédération française, l'esprit reposé du côté des aspirations régionales. Un Roi, chef de l'armée de la France, ce que ne connaissait pas le roi dément, obligé de convoquer les bans seigneuriaux ; moyen qui ne valait pas une mobilisation par ordre téléphoné. Non, enterrons à jamais cet épouvantail à « Gogos », mettons dans le même trou et le Parc-aux-Cerfs et les quarante millions d'Orléans. Considérons froidement que nous avons, du seul fait de la République Une et Indivisible, chacun *858 fr.* d'impôts et l'Allemagne, dont les charges militaires sont égales aux nôtres, *45 fr.* seulement.

Les Etats-Unis, républicains sans armée, ont 100 fr. La Suisse, république d'étagère, 25 fr.

Il me semble que sous Charles VI on avait moins de 858 fr. par tête. Décentralisons donc radicalement et le fonctionnarisme (625.000 fonctionnaires en 1906), si on en fait le bouc émisssaire, fondra comme neige au soleil des réformes régionales.

Oui, certes, je continue à prétendre que le système héréditaire est préférable au système électif, mais ***uniquement*** parce qu'il s'agit ici de confier à un fonctionnaire spécial l'emploi de la force matérielle ; force qui toujours sera indispensable à la vie d'une nation grande et riche.

N'est-il pas surabondamment démontré que notre richesse terrienne et industrielle est une cause de convoitise pour des voisins, rivaux puissants. Or il y a pour eux deux moyens d'accaparer cette richesse : 1° Par la force brutale ; 2° Par l'action lente et dissolvante du mensonge ; j'entends par là l'exploitation habile et perfide des travers d'un peuple. C'est par la flatterie, avant-courrière du désordre moral, qu'il s'agit de créer, dans la masse populaire qu'on veut pervertir, que commence ce long combat. Plusieurs siècles sont nécessaires pour le mener à bien. (Il n'en a fallu que deux pour arriver à bout de la Pologne.) Mais le moyen est infaillible !

L'ennemi flatte l'orgueil non des puissants, mais de ceux qui les entourent ; un peuple, qui croit être le plus spirituel de la terre, est comparable au corbeau de la fable. Puis vient l'exposé fortement exagéré des misères du travailleur ! Notre adversaire sournois se propose-t-il sérieusement d'y mettre fin ? Mille fois non, au contraire ; ses dirigeants, tous traditionalistes, enregistrent, comme des promesses de victoire finale, toutes les colères, toutes les révoltes. Pour cela, pas de poudre à brûler. Rien que des discours enflammés et le succès est certain.

Je voudrais finir cette question de l'hérédité par un exemple : Regardez autour de nous, en Europe, et convenez que les nations rivales intéressées à notre affaiblissement sont toutes préservées de pareil malheur, parce que chez elles l'action extérieure n'a jamais cessé d'être conduite par le ***fonctionnaire spécial*** et **héréditaire** du pays, qu'on a pris l'habitude de qualifier : ***Roi.***

N'oublions jamais que notre Roi, à nous, français qui voulons la décentralisation, nous laissera parfaitement libres dans nos régions ; or, à ce prix, tous nous voudrons décentraliser quand nous aurons ouvert les yeux. Vous voyez donc qu'il n'est aucune comparaison possible entre l'ancienne monarchie, surtout celle qui créa la centralisation aggravée par la république ***unifiée***, et la ***royauté fédérale.***

Vous demandez une preuve du sens politique du duc d'Orléans. Chacun des onze millions d'électeurs français éprouve, je suppose, même curiosité ; contentez-vous de savoir qu'il est du « bâtiment ». De père en fils, rien ne tient tant au cœur de cette famille si française, que ce qui peut refaire notre grandeur. A chacun son métier. Le sens politique, qui n'est jamais trop parfait, se perfectionne par l'hérédité. C'est la pratique de nos morts qui se retrouve en nous. Sur ce point essentiel, Philippe est riche d'un atavisme qui fait absolument défaut à ceux à qui, depuis 36 ans, la France a confié sa fortune.

Bien rappelé ce mot de d'Aguesseau. Mais pourquoi faut-il qu'il corrobore la nécessité d'un ***roi héréditaire patriote.*** Je viens de vous dénoncer le but poursuivi par les flatteurs du peuple devenu maître, c'est la réponse.

Oui, dussè-je affliger bien des amis, je répète avec vous : Le peuple français veut la république et si parfois le nombre des abstentions l'emporte sur celui des votes exprimés, n'en concluons pas à la suppression du suffrage universel. Aussi est-ce la république qu'il s'agit de faire entrer dans les mœurs publiques de nos régions aux conceptions légèrement différentes et par cela même riches d'émulation pour la Liberté dans le Bien.

Mais ce ne peut être une république ***subordonnée***, donc esclave !

Ce ne sera jamais la république de l'**Antipatriotisme ! ! !**

Que demande l'opposition qui bénéficie tant, selon vous, du droit d'écrire? rien que le droit de crier : casse-cou, aux aveugles qui vont à l'annexion ! Elle ne dit rien d'autre.

A propos de liberté de presse, elle a existé, mais le poison l'appauvrit de plus en plus ; le poison, c'est la « forte somme » nécessaire à la vie du journalisme gouvernemental ; versée par les « fonds secrets », dit-on, complétée, semble-t-il, par de riches organisations internationales, le journal qui se donne pour rien est obligé de chanter les louanges du pouvoir ; c'est un droit, puisque liberté il y a, mais le droit contraire existe non moins et sert de repoussoir. Tout semblerait s'arranger dans la coulisse si la question de patriotisme n'était en jeu. Pour moi, j'estime que sans la presse d'opposition qui enraye de son mieux à la descente, nous nous serions abimés déjà dans le chaos des embrassements universels ; à quoi nous convient les « purs sangs de la première aristocratie du monde ».

Une presse, avec la décentralisation, serait sans doute très libre ; sauf ce qu'en penserait chaque législation régionale. Les questions d'économie sociale. Celles d'harmonie nationale. Les racontars inter-régionaux. Les nouvelles de l'étranger. Les accidents d'automobiles, seraient l'aliment quotidien. La personnalité royale et son entourage ne sauraient échapper à la tyrannie du reportage mondain, mais l'action royale, nous en avons la ferme conviction, aurait à cœur de ne donner aucune prise à la critique acharnée ; et ce lui serait d'autant plus facile que mille questions ardues ne seraient plus du pouvoir royal, comme au temps de la centralisation, mais bien du ressort très indépendant des parlements régionaux. Tout particulièrement les questions religieuses, dont nous reparlerons : questions si libéralement résolues chez nos voisins d'Outre-Vosges.

Encore un mot de réponse : Il y a 114 ans, au 22 septembre, être ***républicain*** c'était être ***patriote***, tous les chants populaires célébraient à l'envi cette sublime vertu, mais aujourd'hui ! ? !

Laissez-moi transcrire un court document officiel du 5 décembre 1792. Il est du ministre des contributions publiques (*sic*) au général Custines :

« C'est le contraste de la bonne con-
« duite (oh ! oh !) de nos armées avec no-

« tre licence intérieure qui nous guérira
« peu à peu de celle-ci. Il faut donc nous
« maintenir dans l'état guerrier. Si l'état
« de guerre cessait, le retour de nos sol-
« dats au milieu d'une organisation à
« faire, augmenterait partout le trouble
« et nous perdrait : Suivons donc avec
« une extrême prudence, le plan qui nous
« maintiendra longtemps armés. »

C'était, convenez-en, de guerre obligatoire, mais surtout « canaille ».

La bonne conduite de nos armées ? Qu'en pensait le général de Beurnonville, quand, dans sa lettre du 18 décembre de la même année, il écrivait : « Dumou-
« riez dit que les Pays-Bas sont patrio-
« tes (républicains). Comment le croire,
« puisque toute la France ne l'est pas
« encore. Il vous dit que son armée ne
« demande qu'à marcher ; comment le
« croire, quand il se plaint de la ***fuite de***
« ***tous ses volontaires***. »

Aujourd'hui ? écrivons-nous : en dépit des luttes qui fortifient un peuple et dont nous, les royalistes, persistons à être fiers, comme vous je le sais ; la ***vraie république*** a porté ses premiers fruits.

Les propos, les actes antimilitaristes caractérisés éclatent comme des pétards anarchistes. Des sous-officiers élèves d'une école militaire, déclarent cyniquement vouloir faire des adeptes à l'antimilitarisme ; je ne doute pas qu'ils y parviennent.

Non, une fois de plus : la forme républicaine, excellente dans les régions, pour toutes les questions sociales de libre discussion, est mortelle pour l'armée. Nous considérons comme le premier des devoirs, de la soustraire à l'action de cette forme.

Vous me demandez un satisfecit pour les contingents parisiens, je vous l'accorde de grand cœur. Celui du Bas-Rhin, le dernier incorporé dans mon régiment à la veille de 1870, était non moins bon !

C'est sans doute un de nos morts, vieux républicain des cités mosellanes ou rhénanes, qui conduit votre plume et la mienne. Laissons-nous faire. Ils avaient leur part de sagesse, ajoutons-y notre part de réflexion et d'expérience et la ***Décentralisation radicale*** couronnera les efforts de nos amis de France.

Proud'hon disait : « Que le système « fédératif coupe court à l'effervescence « des masses, à toutes les ambitions et « excitations de la démagogie, c'est la fin « du régime de la place publique... » Que Taine nous peint en ces termes : » Ils (les nobles) n'ont pas l'ascendant « physique qui la maîtrise, le charlata- « nisme grossier qui la charme, les tours « de Scapin qui la dépistent, le front de « taureau, les gestes de bateleur, le go- « sier de stentor, bref les ressources du « tempérament énergique et de la ruse « animale, seules capables de détourner « la fureur de la bête déchaînée. »

Je termine cette lettre par un exposé succinct des vues de nos contemporains sur la décentralisation.

En 1872, M. Raudot, député royaliste, proposait : Vingt-quatre régions. M. Le

Play : Treize. M. Hervé-Bazin : Vingt-six. Tels autres pensent que les corps d'armée actuels sont tout indiqués, pour que leurs territoires deviennent des régions administratives autonomes.

En 1890, M. Hovelacque, député, propose la division de la France en dix-huit régions autonomes, qui forment une république fédérale, genre Suisse ou Etats-Unis.

En 1898, M. Foncin écrit : « Un projet de fédéralisme administratif », mais il ne veut pas qu'on décentralise la France ; ce serait la frapper au cœur ! affirme-t-il. Il préfère le fédéralisme existant en Angleterre au fédéralisme politique qui est celui des Etats-Unis. Ici, je puis supposer que M. Foncin, fonctionnaire, je crois, ne peut ou ne doit rien dire, de ce qui est le ***couronnement*** du fédéralisme, qu'il préfère : ***Le Roi.***

Du reste si nous disons qu'il est raisonnable de prendre à ces deux fédéralismes ce que chacun a de bon : Le Roi, dans le Fédéralisme anglais ; le fédéralisme politique dans celui de l'Amérique du Nord, nous nous rencontrerons parfaitement avec un des bons écrivains de l'***Action Française***, lorsqu'il rappelle « qu'en 1900, M. le duc d'Orléans demandait qu'on étudiat les détails d'un fédéralisme français. Et en vérité, aucune décentralisation efficace, utile, durable, ne peut être faite dans notre bon pays de France, sans un roi « ***Chef fédéral des républiques françaises*** ». (J. Bainville, 1903.)

En 1901, M. le Dr Boé, dans ses « Questions de Médecine sociale », dit : qu'il faut remplacer la Chambre et le Sénat par dix-huit assemblées régionales. Toutefois, il prévoit que l'esprit légiste est, ***après le Juif***, le principal adversaire de la décentralisation !

En 1903, M. Paul Boncour, écrivant sur le fédéralisme économique (une troisième variante de fédéralisme, qu'importe) cite le programme de Nancy, 1865 et termine par : « C'est ainsi que les dé-
« centralisateurs entendent mener la ba-
« taille. Ils ne sont décentralisateurs ni
« par goût, ni par littérature; pour eux
« la décentralisation n'est ni un rêve
« d'avenir ni un souvenir du passé. Elle
« est une nécessité présente, ***seule capa-***
« ***ble de fournir des solutions immédia-***
« ***tes et pratiques*** aux questions sociales
« qui se posent dans le pays. »

En 1904 se crée : l'Union régionaliste lorraine, à Nancy. Les idées de M. Boncour ne sont pas celles de l'Union, car on y est décentralisateur par goût, plus encore par littérature, et ses statuts interdisent la politique.

Je me demande si on peut penser au régionalisme sans y mêler la politique. Non, n'est-ce pas ? sans quoi ce n'est plus qu'une innocente réclame, qui ne fait pas faire un pas à la question.

L'Union me semble plus provinciale que régionaliste, du moins sa région se contente des trois départements lorrains qui nous restent. Elle aspire à continuer le programme de Nancy, nous le répétons.

En 1905, un député conservateur, M. de Gailhard-Bancel, dans un excellent projet de loi sur les retraites ouvrières, divise la France en quatorze circonscriptions régionales, correspondant aux circonscriptions des grandes Unions des Syndicats agricoles.

Enfin, en 1906, notre compatriote, M. Barrès, candidat député de Paris, promet de réclamer une organisation décentralisée, autonome des intérêts locaux et régionaux, sous la réserve de ne pas porter atteinte à l'*Unité Nationale.*

L'Unité Nationale... ! assurément, elle tient au cœur de tous les Français dignes de ce titre ; mais par unité, il faut n'entendre que celle qui est un besoin d'honneur qu'on ne discute en aucun cas. C'est au nom de l'Unité Nationale que les régions les moins menacées se lèveraient pour la défense de celles en contact avec l'ennemi probable.

L'Unité Nationale, c'est la pensée maîtresse qui fait taire tous les antagonismes, s'il en peut exister. C'est au creuset du service militaire que viennent s'affiner les jeunes Français, que les pratiques politiques régionales induiraient en des erreurs relatives.

Sous le drapeau de la France il n'est plus question que : du sol sacré de la Patrie.

C'est pour le garantir que nous avons écrit : l'Armée aux mains d'un Roi héréditaire, est la *seule* branche de la vie nationale qui soit *centralisée.*

Quant aux régions, soit dans l'ordre administratif ou économique, ou politique, il faut s'attendre à des expériences de sociologie variées, donc pas d'unité au début de l'ère nouvelle. Et qu'on ait la sagesse de ne pas croire tout perdu !

Rien de surprenant que l'Aurore de la vraie liberté voit l'application de systèmes sociaux découlant des théories d'apparences impossibles. Ne perdons jamais de vue au cours de notre exposé, que les régions sont d'origines et à fins républicaines.

Babœuf, Proud'hon, Cabet, Louis Blanc, Clémenceau, Jaurès, Guesde, Vaillant, Allemane, Doumer, Lemire, De Mun, Biétry, Barrès, Maurras, ont chacun leur système complet, que préférerait telle ou telle région. Il serait essayé loyalement en tout ce qui ne serait pas contraire au *Patriotisme*. Contraire ni de fond par l'enseignement régional ou la littérature, ni de forme par le théâtre ou l'image.

La section du Conseil d'Etat (pouvoir royal) chargée de la surveillance de l'enseignement national donné dans les régions, avertirait si des interprétations dangereuses s'infiltraient dans l'histoire de France. Il y aurait, dans ce cas, manquement au pacte fédéral, d'où intervention royale.

ROYAL.

3 septembre 1906.

Au Colonel Royal.

Il est incontestable, mon Colonel, que pour des esprits posés, qui étudient impartialement votre doctrine politique, l'idéal monarchiste que vous proposez, peut satisfaire bien des Français. La royauté en haut, la république en bas. Oui, mais lorsqu'une guerre menacera la France, de ce seul fait que l'armée relève directement du pouvoir royal, le chef de l'Etat aura le droit de déclarer la guerre, sans consulter le peuple français, et par conséquent de disposer de vies humaines tout comme Charlemagne, Saint-Louis ou Louis XIV. Et si les sentiments des citoyens français sont prédisposés à la paix, c'est-à-dire à la prospérité, si par contre le roi de France, satisfaisant ses tendances, obéissant à ses passions, veut la guerre à tout prix, ne croyez-vous pas qu'il y a là matière à guerre civile et à révolution ? Il faut tenir compte du progrès : au xxe siècle, les soldats n'iraient plus à la *boucherie*, pour employer l'expression chère au professeur Hervé, comme nos ancêtres du Moyen-Age ou de l'Empire. Les hommes d'aujourd'hui sont instruits, et comme tels, comprennent les prétentions qui peuvent animer un gouvernement.

Il ne dépend pas, il ne peut pas dépendre, parce que c'est un non-sens, d'un homme de décider du sort d'une nation. D'ailleurs, le petit nombre de guerres depuis cinquante ans ne pourrait nullement autoriser votre roi à chercher, à n'importe quel propos, querelle à ses voisins. J'attends et j'entends bien votre objection : Citez-moi donc un gouvernement qui ait plus fait que la République Parlementaire pour avoir la paix à tout prix ? Quel régime autre que l'actuel peut inscrire sur son drapeau : Fachoda-Terre-Neuve-Maroc ? Evidemment, mais il vaut mieux maintenir la paix que de faire la guerre pour le compte des autres comme en Morée, à Rome, en Chine, au Mexique. Et si vous revendiquez pour le compte de la monarchie, la conquête de l'Algérie, je pourrai inscrire au livre d'or du régime actuel la Tunisie, le Tonkin, le Dahomey, Madagascar. Les 858 fr. d'impôt, dont hérite chaque Français en venant au monde, sont la conséquence directe du système déplorable des finances royales. Connaissez-vous une seule année de l'histoire de France où le Trésor n'ait pas eu de déficit. Est-ce que nous ne payons pas encore aujourd'hui les factures des entrepreneurs des châteaux de Versailles, Compiègne, Fontainebleau, de Saint-Germain, du Louvre ? Les 625.000 fonctionnaires de la République, me dites-vous ? Sans doute, mais espérons un bon mouvement des ministres, Poincaré ou Clémenceau, puisque ces Messieurs affectent toujours de parler de la nécessité de faire des économies. Je crois qu'à faire l'addition et à comparer les totaux, un Roi coûte plus cher à la France qu'un Président de la République ; les crédits votés en régime démocratique pour réception ou déplacement sont moindres qu'en monarchie.

Et puis, si nous abordons le terrain religieux dans une Royauté de centralisée, à quelles objections n'allons-nous pas nous buter ? Il n'est que trop vrai que la foi baisse tous les jours en France. Ce serait le devoir imprescriptible de la monarchie de remonter le courant. Vous prétendez, mon Colonel, accorder toute liberté dans les régions. Mais quelle serait donc l'attitude du gouvernement de Philippe VIII devant une province anticléricale ? Puisque par principe même la Monarchie française est catholique, appartiendra-t-il au dit régime d'imposer la foi à ceux qui ne l'ont plus, de faire de la propagande chrétienne parmi les populations qui ne veulent plus croire aux vérités de l'Evangile ? Si oui, ne parlez pas de républiques régionales en France, puisque la République étant « la chose de tous », vous méconnaissez le principe même de la liberté de croire ou de ne pas croire. Si non, la pratique ne sera plus d'accord avec la théorie, et la Monarchie ne fera qu'aggraver la situation présente, le sentier critique où est enlizée la religion.

Vous inscrivez dans votre programme politique, vous écrivez dans votre idéal le mot ***République ?*** Mais ne craignez-vous pas d'offenser ainsi un certain nombre de fervents de la vieille monarchie française, qui ignorait, ou plutôt qui méconnaissait à dessein le principe démocratique ? Ne pensez-vous vous mettre à dos, faire des ennemis, ces vieux fidèles du régime passé, dont j'admire les convictions, que ma raison lorraine me défend de partager. Je parle de ***républiques provinciales***, mais aussi de ***république nationale***. Mon état de lorrain m'interdit de croire à la vertu monarchiste, parce que l'Est n'eut qu'à souffrir du régime absolu. Mieux que des phrases jetées sur le papier, trois promenades en Lorraine, à Prény, à Vaudémont, à Amance vous rappeleraient, vous feraient comprendre tout au moins le vandalisme de la monarchie, le jour où elle fit ruiner ces trois forteresses, rendez-vous de nos pensées lorraines devenues républicaines. Vous me répondez déjà, mon Colonel, qu'il n'y a plus aujourd'hui de patrie lorraine. Sans doute ; et je le regrette. Je me demande parfois, si, en duché indépendant, pareils à une Suisse ou à un Luxembourg, nous ne serions pas plus heureux, jouissant de notre autonomie fédérale, que sous la coupe évidente de nos gouvernants de la Garonne ou du Var, qui ne connaissaient rien aux intérêts de chez nous. Mais, puisque nos pères allèrent à la force française, nous acceptons notre condition de Français, sous la réserve absolue que nos aspirations ne soient pas oubliées. Mais il faut que la sagesse de l'Est compense la légèreté du Midi : la Lorraine et la Gascogne, la Champagne et la Provence, la Picardie et l'Auvergne sont des conditions essentielles du maintien de notre nationalité française. Sans raisons semblent peut-être ces dogmes que j'ai l'air de poser. Vous ne pourrez jamais faire croire au peuple de France que notre roi peut, pour employer une périphrase populaire, ***se mettre dans la peau*** de toutes les provinces, signer à la fois des promulgations de lois, qui assurent mutuellement les libertés provinciales, communales et locales des dites régions françaises, sans léser les unes, sans favoriser les autres. Le roi accordera plus à une province fidèle au gouvernement nouveau, la Bretagne par exemple, qu'à la Lorraine, républicaine de tempérament. Pour chez nous, il sera à craindre que des villes comme Toul, Reims, Châlons-sur-Marne, Epinal, Langres, Troyes réclament des chartes qui les affranchissent totalement de la tutelle royale ; il sera à redouter que de nouvelles républiques comme Metz, Toul, Verdun, — mais non plus des évêchés — se constituent et luttent secrètement pour culbuter la Royauté ; vous pourrez prévoir une ère d'anarchie, que la République parlementaire, si défectueuse pourtant, n'aura pas connue. Je vous parle de ces objections faciles à deviner sans animosité personnelle contre la monarchie ; je n'ai connu celle-ci que par les livres et par l'histoire ; je ne date pas d'un siècle d'histoire, et je n'ai pas connu d'autre régime que la ***République***. Je la crois perfectible, non pas dans un sens catholique (comme le Sillon ou comme les adhérents de l'Action Libérale populaire), non pas dans un sens plébiscitaire (comme nos excellents amis de la Ligue des Patriotes), mais dans un sens ***fédéral***, avec l'organisation du suffrage universel, national, provincial et communal discipliné, pour tout dire : avec une ***Révision*** complète de la ***Constitution.***

Pourquoi un Roi à la tête de la France ? Je ne méconnais pas son sens politique, qui est possible, sinon probable. Mais j'ai devant moi, comme vous aussi, mon Colonel, cet exemple de la république américaine, dont la prospérité est grande, de cette confédération suisse, à nos frontières, qui jouit depuis sept ou huit siècles d'une ère de bonheur que la France n'a jamais connue. Et nos voisins ne remplacèrent encore jamais leur Président par un Roi, pensant sans doute que ce n'était pas nécessaire, mais qu'il était au contraire bienséant, utile, de maintenir chez eux un régime républicain depuis le sommet jusqu'en bas et de jouir en même temps d'une République fédérative et décentralisée.

MAURICE TOUSSAINT.

* *
* * *

4 Septembre 1906.

A mon jeune ami Toussaint.

Transcrivant à votre profit ces vers connus : « Aux cœurs bien nés, la valeur (morale) n'attend pas le nombre des années », je suis assuré de vous satisfaire, bien que républicain irréductible, par mes propositions monarchiques, et cela uniquement parce que j'ai devant moi, sur le terrain français, un contradicteur patriote : vous.

Un article du Pacte Fédéral, projeté, vous rassurera quant au droit de guerre qui, je le reconnais, est une objection aussi sérieuse qu'attendue.

Que les sentiments des citoyens français soient à tendances pacifistes, je n'hésite pas à l'admettre, tout le démontre ; et l'usage de la *souveraineté* **régionale** ne pourra que les disposer à vouloir travailler à l'amélioration progressive de leur condition sociale ; tout sera si nouveau avec la décentralisation, que le monde ouvrier, au début, croira rêver.

Mais ce serait insulter à l'âme populaire que de lui supposer un besoin de paix tel que l'honneur en soit à jamais banni.

L'honneur ! Ah certes, je ne saurais en donner la définition ; quinze siècles de notre histoire répondent qu'il fut une nécessité bien française, et cela me suffit.

L'honneur existe pour les individus, pourquoi n'existerait-il pas pour les nations ?

Pour lui ravir l'empire qu'il a conservé sur nos cœurs, les égarés et ceux qui les flattent, disent que l'honneur national est un carcan au cou de celui qui n'a rien ; qu'il a été forgé par les rois. Au « Sillon », on prétendra que si le chrétien a deux joues, c'est pour qu'elles alternent dans la réception des soufflets. Si mon tableau est exact, convenez qu'il est triste !

Je préfère de beaucoup affirmer qu'on n'a pas oublié le vieil adage : « Si tu veux la paix, prépare la guerre », mais pas par l'emploi des milices.

Les hommes d'aujourd'hui, plus instruits selon vous, comprennent mieux les prétentions qui peuvent animer un gouvernement ; moins que jamais, il n'a le droit de disposer du sort d'une nation !

Si pendant le cours des âges, nos rois ont fait des guerres de conquêtes, de successions, de dévolution, puis d'émancipation, qu'importe le prétexte ; Ils ont été de leur temps. Que pensez-vous des « Grandes Compagnies » conduites hors de France par Duguesclin, que pouvait-on faire de ces indisciplinés ?

Les temps ont changé, une évolution doit nous conduire, lentement, sûrement, vers le bonheur formulé par ces mots : « Ni Dieu. Ni Maître ». (Le premier est si bon aux déshérités. Le second si nécessaire contre les coléreux.) Mais nous accomoder tous de ce bonheur ! ?

C'est encore de la ***Centralisation***. Vous et moi avons juré de la combattre.

Je conclus : Quand les Français iront « à la boucherie », ce sera du consentement des deux tiers des Présidents de Républiques régionales, vrais représentants de leurs électeurs. Ils iront pour des questions de vitalité nationale, d'expansion coloniale, mais jamais pour les beaux yeux de qui que ce soit.

Qu'importe à la France décentralisée, les erreurs de nos ancêtres ; pour sortir l'épée du fourreau, ils avaient des raisons que vous ne comprenez plus. La France de demain mettra le doigt sur la détente, pour l'écoulement de sa surproduction.

A propos de l'impôt, oser dire que nous n'avons pas encore le quitus des constructions de haut goût qui donnèrent le pain quotidien à tant de travailleurs et d'artistes, nos grand'pères peut-être, me semble risqué.

J'accuse bien plutôt cette période guerrière inaugurée sans nécessité. Mettre toute une nation sous les armes, coûte plus cher que d'entrer en campagne avec une armée de métier. Révolutionner l'Europe et vivre sur le dos des vaincus, c'est encore s'enfoncer dans les dettes.

Enfin, croyez fermement que la haute banque se frotte les mains quand une guerre s'engage; quand le perpétuel déficit se creuse, et dites-moi : Qu'est-ce du déficit avoué par Necker, auprès de celui de Poincaré !

Dire qu'un roi coûte plus cher qu'un président, c'est se placer à un point de vue mesquin. Les Norvégiens ont été d'un autre avis.

Le terrain religieux ! ! ! en cette année de convulsions sismiques, je sens qu'il fait trembler ma plume. Ou est-ce plutôt mon insuffisance ? Qu'importe, allons-y. Je n'engage que ma responsabilité.

Admettons un Français de plus en France : Philippe VIII Il est catholique pratiquant. Son épouse, une bonne Lorraine, est de même foi religieuse. Leur action en cela, rayonne dans leur entourage et rien de plus. Leurs sympathies vont-elles naturellement à ceux et celles qui partagent leurs croyances, c'est à prévoir. Mais de là à peser sur la conscience populaire régionale, nul ne l'admettra. Voyez-vous, il ne faut pas craindre de répéter que l'action royale directe, sous un régime de décentralisation radicale, ne ressemblera en rien à celle qu'on est convenu de déplorer sous une monarchie centralisée.

Nous, les anciens, admettons que la religion moralise, discipline ceux qui ont la foi. Vous les jeunes, déclarez que la raison d'une tête saine dans un corps sain, moralise suffisamment pour ce à quoi la morale peut servir; quant à la discipline, cela se touche en entrant au régiment et se verse au départ de la classe. Soit, mais souffrez qu'un soldat de Rezonville, prenne de l'Allemagne, un exemple de liberté confessionnelle. L'Empire germain est réellement décentralisé, il est resté une Confédération de royaumes et de duchés. (***Notre France sera une Confédération de républiques***). Dans chacun des Etats Allemands, on voit une organisation religieuse différente: Ainsi la Bavière a un ambassadeur au Vatican. L'Alsace-Lorraine a gardé le Concordat français. En Prusse, un dissident qui fait appel au ministère d'un prêtre, est de ce fait réintégré dans une organisation paroissiale et contraint à l'impôt de religion, perçu par le fisc. Ailleurs, un curé ou un pasteur est professeur de science religieuse, il est de droit du jury d'examen pour le baccalauréat. Par contre, le catholicisme est particulièrement malmené en Saxe, au Brunswick, au Mecklenbourg. Le combat pour le culte n'était engagé qu'en Prusse, la discipline des catholiques remporta la victoire. Souvent on a pressé l'Empereur d'intervenir en faveur d'une croyance, contre une autre ; il s'est dérobé à cette brûlante invitation, parce que cela ne lui paraissait pas possible. *Donnez-moi des soldats et donnez-vous les prêtres que vous voulez*, pouvait être sa réponse.

Ainsi dira le Roi de la Confédération française, et fidèles ou athées, continueront à servir notre drapeau tricolore.

Ah ! mon ami, gardez votre juvénil amour pour notre Lorraine, et si vous voulez que ce qui nous reste n'aille pas rejoindre ce qu'on nous a pris, faites comme moi, ne cessez pas de demander que l'armée soit en des mains royales. L'exemple de l'Allemagne me semble ici plus probant que celui de la Suisse et même des Etats-Unis.

Il est entendu une fois encore, que notre roi ne légifère et promulgue que des lois de défense nationale. Toutes les autres, toutes, retenez-le, sont affaires régionales. Voilà, convenez-en, de quoi satisfaire les républicains sincères et convaincus.

Je vous conseille de méditer la formule donnée à la veille des grandes convulsions antiprovinciales, nous pouvons la faire nôtre.

« Un plan de division d'un grand empire est presque à lui seul la constitution ». (Thouret A. C. 3 novembre 1789.)

DIVISION TERRITORIALE.

Voici notre proposition de division. Elle comporte naturellement la nécessité du fédéralisme, mais elle n'impose pas le maintien des subdivisions actuelles.

La France continentale est divisée en quinze régions.

La région comprend cinq ou six départements actuels. Elle englobe souvent plusieurs de nos anciennes provinces.

C'est à dessein que le terme : Région est préféré à celui de Province, parce qu'il prouve la rupture évidente avec l'ancien régime.

La facilité, la rapidité des moyens de transports, de transmission, etc., veulent qu'une région présente une surface raisonnablement étendue.

L'équité demande que le nombre d'habitants soit à peu près égal, dans chaque région, sans que l'égalité soit une condition absolue.

La raison des accidents géographiques, des productions naturelles ou artificielles, sont sans influence sur les divisions régionales ; non plus que les voies fluviales ou ferrées favorisant une concentration sur Paris, par exemple.

Les régions ne pouvant ajouter à un ancien nom de province, d'autres noms de plus petites provinces ou de pays compris sur leur territoire, ce qui allongerait trop, ou causerait des froissements si on éliminait de vieux souvenirs ; il a paru très pratique de numéroter les régions comme les corps d'armée, qui remaniés, se confondraient avec elles.

1re région : Nord, Pas-de-Calais, Somme, Aisne, Ardennes, 3,800,000 habitants.

2e région : Seine-Inférieure, Calvados, Manche, Eure, Orne, Eure-et-Loir, 2,900,000 habitants.

3e région : Oise, Seine-et-Oise, Seine, Seine-et-Marne, Loiret, 4,000,000 d'habitants.

4e région : Marne, Meuse, Meurthe-et-Moselle, Aube, Haute-Marne, Vosges, 2,000,000 d'habitants.

5e région : Côtes-du-Nord, Ille-et-Vilaine, Finistère, Morbihan, Mayenne, Loire-Inférieure, 3,400,000 habitants.

6e région : Sarthe, Maine-et-Loire, Indre-et-Loire, Vendée, Vienne, Deux-Sèvres, 2,500,000 habitants.

7e région : Loir-et-Cher, Cher, Nièvre, Indre, Allier, Creuse, 2,000,000 d'habitants.

8e région : Yonne, Côte-d'Or, Haute-Saône, Belfort, Saône-et-Loire, Jura, Doubs, 2,400,000 habitants.

9e région : Haute-Vienne, Charente-Inférieure, Charente, Gironde, Dordogne, 2,500,000 habitants.

10e région : Loire, Puy-de-Dôme, Corrèze, Cantal, Haute-Loire, Lot, 2 millions 400,000 habitants.

11e région : Haute-Savoie, Ain, Rhône, Savoie, Isère, Drôme, 2,500,000 habitants.

12e région : Lot-et-Garonne, Landes, Gers, Basses-Pyrénées, Hautes-Pyrénées, 1,700,000 habitants.

13e région : Tarn-et-Garonne, Tarn, Haute-Garonne, Ariège, Pyrénées-Orientales, 1,800,000 habitants.

14e région : Ardèche, Lozère, Aveyron, Gard, Hérault, Bouches-du-Rhône, 2,400,000 habitants.

15e région : Hautes-Alpes, Basses-Alpes, Vaucluse, Var, Alpes-Maritimes, Corse, 1,400,000 habitants.

La question du chef-lieu de chacune de ces régions, véritables départements agrandis, serait à résoudre par l'assemblée régionale intéressée. Telle ville, parce qu'elle serait ou centrale ou plus peuplée, ou d'influence reconnue, ou ancienne capitale, ou pour toute autre raison, se verrait préférée à ses concurrentes ; car il faudrait fixer son choix.

Un chef-lieu régional grouperait toutes les directions administratives, alors que telle autre ville de la même région serait un centre d'études, ou un berceau des arts régionaux, ou une station pleine d'attractions, ou une importante place industrielle.

Il est hors de doute que Paris serait chef-lieu de la troisième région, en même temps que première ville de France ; mais il se pourrait que Versailles fut choisie pour être la résidence du Roi, du Conseil d'Etat et des trois ministères ressortant du pouvoir royal, ou centralisé. Ceci à titre de pure supposition.

Nancy, par son importance, semble devoir être chef-lieu, mais elle est bien hors du centre de la quatrième région ; l'assemblée déciderait.

Marseille souffre la même remarque, Aix et Montpellier sont des centres universitaires à conserver sans doute, mais encore, les députés régionaux seuls seraient juges.

La huitième région aurait deux archevêchés. Pour leur maintien ou non, c'est le pouvoir législatif régional qui se prononcerait.

Nous n'avons pas oublié que le Conseil d'Etat (pouvoir royal) n'intervient que s'il y a désaccord entre régions et jamais dans la région, sauf dans le cas d'une rupture partielle ou totale des articles du *pacte fédéral*.

Nous voyons dans la quatrième région : trois centres de corps d'armées (pouvoir royal).

Les anciennes préfectures maritimes (pouvoir royal) sont conservées.

L'organisation religieuse (pouvoir régional) de toutes confessions, est réglée par la législation régionale ; même pour les rapports avec le pouvoir pontifical, en ce qui concerne les catholiques. ***En principe, les églises sont absolument libres.***

ROYAL.

* *
* * *

6 septembre 1906.

Au Colonel Royal.

Dans votre division du territoire français, vous ne tenez plus aucun compte du département. Vous avez raison, puisque cette section des provinces, établie pendant la Révolution de 1789, ne correspond à aucune vraisemblance, et que ce partage de la France exhale une odeur de rapidité ou plutôt de médiocrité de connaissances géographiques. Je pensais que votre fidélité à la royauté vous autorisait, vous obligeait à reprendre l'ancienne division en provinces. Mais, dites-vous, la substitution du mot ***Région*** au mot ***Province*** évoque la rupture évidente de l'ancien régime. Je critique votre système, mon colonel, et ce, avec d'autant plus de liberté que je ne veux pas être suspect d'autre idéal que l'idéal républicain. Je vous ai dit déjà que je voulais la République nationale protectrice des Républiques fédérales. Mais ces Républiques fédérales, que vous désirez également, pourquoi essayer de les reconstituer, alors que les anciennes provinces satisfont votre pensée ? La province du XVIIIe siècle forme un tout, une vie, un idéal, au même titre que le canton au XXe. Alors que la division par département est, à votre avis, arbitraire, pourquoi vous efforcez-vous de déchiqueter la France sans tenir compte des intérêts qui lient les provinces ? Je prends l'exemple de la 4e région, qui nous intéresse particulièrement; elle comprend : Marne, Meuse, Meurthe-et-Moselle, Aube, Haute-Marne, Vosges. Puisque la Marne y entre, pourquoi pas l'Aisne, dont les intérêts sont étroitement liés ? La présence de l'Aube ne nécessiterait-elle pas celle de l'Yonne, puisqu'aujourd'hui les mêmes pensées animent les deux départements ? Et puis quel avantage aurait l'Aube à être adjointe à la Meurthe-et-Moselle, puisque l'industrie, l'agriculture ne sont pas comparables ? Voyez-vous une connexité entre la Marne et les Vosges, entre la Meurthe-et-Moselle et la Haute-Marne ? Moi, je n'en vois aucune ! Comme il serait plus simple de reprendre l'ancienne carte des Provinces : Meurthe-et-Moselle, Meuse, Vosges formeraient la Lorraine ; Ardennes, Aube, Marne, Haute-Marne, moitié de Seine-et-Marne (Brie), moitié de l'Yonne formeraient la Champagne.

J'entends votre objection ; il y a de petites provinces : la Touraine, la Marche, l'Aunis, la Saintonge, l'Angoumois, le Comtat Venaissin, le Comté de Nice, le Comté de Foix, etc...

Qui donc empêcherait les nouveaux cartographes de réunir une petite province à une grande ou deux petites ensemble ? Exemple : le territoire de Belfort à la Franche-Comté (mêmes mœurs), la Touraine à l'Anjou, le Comté de Nice à la Provence, la Marche au Limousin, le Nivernais au Bourbonnais, l'Angoumois, l'Aunis et la Saintonge, etc...

De cette façon, mon colonel, vous auriez la rénovation provinciale, et une addition de provinces, juxtaposition qui serait une nouveauté. Un grand duché formerait une province ; trois petits, une aussi. Et vous auriez ainsi une confédération républicaine française composée comme suit :

La Flandre (et l'Artois), capitale Lille.

La Picardie, capitale Amiens.

L'Ile-de-France, capitale Paris (et non plus Soissons).

La Normandie, capitale Rouen.

Le Maine, capitale Le Mans.

La Bretagne, capitale Rennes.

La Champagne, capitale Reims (et non plus Troyes).

La Lorraine, capitale Nancy.

La Franche-Comté (et Belfort), capitale Besançon.

La Bourgogne, capitale Dijon.

La Touraine (et l'Anjou), capitale Angers.

L'Orléanais, capitale Orléans.

Le Berry, capitale Bourges.

Le Nivernais (et le Bourbonnais), capitale Nevers.

L'Auvergne, capitale Clermont-Ferrand.

Le Limousin (et la Marche), capitale Limoges.

L'Angoumois (l'Aunis et la Saintonge), capitale Angoulême.

La Guyenne, capitale Bordeaux.

La Gascogne, capitale Auch.

Le Béarn, capitale Pau.
Le Lyonnais, capitale Lyon.
Le Dauphiné, capitale Grenoble.
La Provence (le Comté de Nice et le Comtat Venaissin), capitale Marseille (et non plus Aix).
Le Languedoc, capitale Toulouse.
Le Roussillon (et le Comté de Foix), capitale Perpignan.
La Corse, capitale Bastia.
La Savoie, capitale Chambéry.

Est-ce parfait ? J'imagine que les provinces sont des divisions administratives, qui ont une vie particulière et une histoire. Il faut faire acte de décentralisateur, faire apprendre à la jeunesse l'histoire de sa province. Comment voulez-vous intéresser un Franc-Comtois du Doubs à l'histoire de Bourgogne ? Ou un Champenois des Ardennes à l'histoire de la Flandre ? Ou un Provençal du Var à l'histoire du Dauphiné ? Quant à Nancy, Marseille, Angoulême, elles doivent être, n'en doutez nullement, des chefs-lieux de régions, ou mieux de provinces.

Votre division de la France, par régions, mon colonel, me semble ne pas répondre aux besoins provinciaux ; ce projet me paraît superficiel, alors que j'estime le mien positif.

Maurice TOUSSAINT.

* *
* * *

8 septembre 1906.

A mon jeune ami Toussaint.

Votre réel attachement à la province lorraine vous est dicté par une longue suite d'ascendants lorrains, qui reposent peut-être dans quelque fosse de Vaudémont, de Prény ou d'Amance. Si vous retournez en ces lieux, demandez leur donc ce qu'ils pensent de la forme républicaine qui, par sa prétendue indivisibilité, nous conduit à l'antipatriotisme. Je vous entends me dire : Ils étaient patriotes dans leur duché et ont lutté contre la violence des soudards du royaume de France ou de l'empire d'Allemagne ; accablés par le nombre, ils tombèrent, non sans gloire. C'est vrai, et félicitons-nous que le vainqueur ait été de notre langue, de notre sang.

Oui, nos morts ont été patriotes, ils nous crient : soyez-le, et nous le sommes. Mais, est-ce l'être moins, qu'en présence des besoins nouveaux, nous contractions une union libre avec des provinces voisines. Mon article précédent vous dit les principales raisons de la division régionale proposée, je les maintiens de concert avec le plus grand nombre des auteurs de projets de décentralisation.

Vous, républicain, imprégné de *provincialisme*, seriez-vous rétrograde ? Non, puisque vos provinces conserveraient le suffrage universel.

Moi, néo-royaliste, acquis à la vie sociale, élargie jusqu'au ***régionalisme***, je suis en avance sur vous. Mais, va t-on m'objecter : Nous, les républicains du moment, nous sommes bien plus dans l'évolution, nous tenons le ***Nationalisme*** et voulons le conduire à l'***Européanisme***, en attendant que nos arrières-neveux en fassent l'***Universalisme***. Et je leur réponds : Ne vous emballez pas ! Les facultés humaines ont des limites. La division du travail a toujours été une loi et des meilleures.

C'est un rude travail que d'organiser le travail. Prétendre satisfaire tout le monde est une folie. S'arranger entre cinq ou six départements, est tout ce qu'on peut faire. L'expression de la volonté librement exprimée par la région repose alors sur une base suffisante. Voyez de quelle façon la loi du repos hebdomadaire est reçue par la masse des lésés ! Il faut que 86 départements se soumettent au nom de la Centralisation. Alors que nos 15 régions décentralisées auraient une loi de repos ou ne voudraient pas en entendre parler.

Vous êtes, bien plus que moi, en train de « moudre » la France ; vous demandez 28 provinces et, pour des raisons analogues aux miennes, vous accolez des petites provinces. Allons, avouez que c'est par attachement pour la Lorraine. Mais vos républiques provinciales protégées par un président national, électif, me semblent vouées à l'impuissance ;

surtout en ce qui concerne l'armée et la diplomatie.

La vie provinciale n'est plus qu'un souvenir et ne saurait être un besoin. Certains pensent qu'il en de même de la foi religieuse ? Je ne décide pas.

La vie régionale mettrait en lumière les qualités particulières de la région. Les couleurs locales piqueraient leur vivacité chatoyante, vrai régal gaulois. Nous laisserions sans regret cette tonalité grise et maussade qui blesse l'œil et atrophie le goût jusqu'à l'hébêtude.

Non, la centralisation n'est pas française. Elle est œuvre juive. C'est le moyen d'asservissement contre nous qui réussit le mieux. Ailleurs elle en emploie de différents ; le plus grand journal anglais nous renseigne pleinement sur ce point. Si une de nos régions servait les desseins d'Israël, elle en serait libre, mais n'aurait pas d'imitatrices. Nous voulons croire.

Nous venons de parler de constitutions régionales et, dans un article précédent, nous avons prévu des expériences variées ; c'est donc que les constitutions les contiendraient en germe et au nom de la liberté. C'est donc surtout que ces constitutions ne seraient pas forcément semblables. Le génie des Français du Midi, comparé à celui des Français du Centre ou du Nord, ou inversement, produirait des traits de lumière chez les uns, alors que ces traits passeraient pour des ombres chez les autres. Tout cela serait affaire de tempérament et de milieu. Qu'importerait le contraste entre les régions si l'harmonie était dans chacune d'elles et l'harmonie y serait bientôt.

Nous ne présentons pas de constitutions régionales, c'est aux lecteurs à préparer celle qu'ils souhaiteraient avoir dans la région de leur domicile.

PACTE FÉDÉRAL.

Nous demandons au « Pacte fédéral Suisse » de 1815, un modèle du Pacte fédéral Français, modifié, approprié au génie des nationaux, comme au progrès accompli jusqu'en 1906.

« Article Ier. — Les quinze régions « souveraines de la France (suivent les « numéros), se réunissent par le présent « acte fédéral, pour le maintien de leur « liberté et de leur indépendance contre « toute attaque de l'étranger. Ils se ga- « rantissent réciproquement leurs cons- « titutions telles qu'elles auront été sta- « tuées par l'autorité suprême de chaque « région, en conformité et avec les prin- « cipes du pacte fédéral. Ils se garantis- « sent de même réciproquement leur « territoire.

« Les régions délèguent un député par « chaque département pour former un « Conseil d'État permanent. Ce Conseil « est la suprême juridiction nationale. « Le Roi en est le président de droit. La « moitié des membres du Conseil est au « choix du Roi, l'autre moitié au choix « des Présidents régionaux.

« Art. II. — Pour soutenir efficace- « ment l'indépendance de la France, le « service militaire obligatoire et personnel

Carte de la France
divisée en 15 régions.
Pas de Calais
Nord
Somme
1
I
Seine Inférieure
Oise
Aisne
Ardennes
Calvados
Eure
Manche
2
II
Seine et Oise
Seine
Seine et Marne
3
III
Marne
XVI
Meuse
4
XVII
Meurthe et Moselle
IV
Vosges
Côtes du Nord
Finistère
Ille et Vilaine
5
V
Morbihan
Orne
Mayenne
Sarthe
Eure et Loir
Loiret
Aube
Haute Marne
Yonne
Côte d'Or
Belfort
Haute-Saône
XVIII
Doubs
Jura
Maine et Loire
Loir et Cher
Cher
Indre et Loire
Loire Inférieure
6
VI
Indre
7
VII
Nièvre
8
VIII
Saône et Loire
Vendée
Vienne
Allier
Deux Sèvres
Haute Vienne
Creuse
Loire
Rhône
11
XI
Ain
Haute Savoie
Savoie
Charente Inférieure
Charente
9
IX
Corrèze
Puy de Dôme
10
X
Haute Loire
Cantal
Isère
Hautes Alpes
Drôme
Gironde
Dordogne
Lot
Lozère
Ardèche
Vaucluse
Basses Alpes
14
XIV
Aveyron
Gard
15
XV
Alpes Maritimes
Landes
Lot et Garonne
Tarn et Garonne
Tarn
Hérault
Bouches du Rhône
Var
12
XII
Gers
Basses Pyrénées
13
XIII
Aude
Hautes Pyrénées
Haute Garonne
Ariège
Pyrénées Orientales
Corse
4 Numéro de région
IV Numéro de Corps d'armée

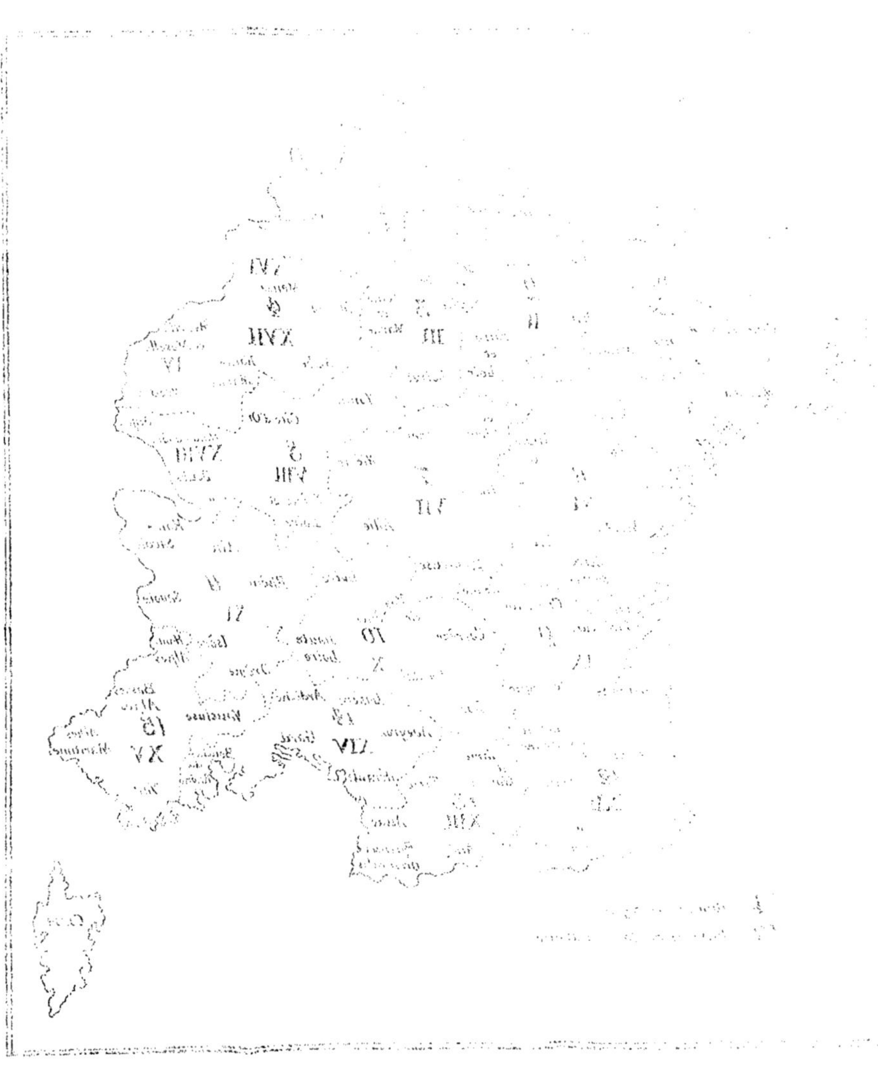

« est dû par tous les Français en état de « porter les armes. Le Roi est le chef de « l'armée. Il fait les lois qui la régissent.

« Art. III. — Les contingents en « argent pour les frais de guerre et autres « dépenses générales de la Confédération « seront payés par les régions propor- « tionnellement au nombre de leurs « habitants.

« Pour subvenir aux dépenses de guerre, « il sera de plus formé une caisse mili- « taire dont les fonds doivent s'élever au « triple du contingent en argent.

« Pour former cette caisse, il sera « établi un droit d'entrée sur les mar- « chandises qui ne sont pas des objets « de première nécessité.

« Les régions frontières perçoivent ces « droits d'entrée et en rendent compte « chaque année au Conseil d'Etat.

« Art. IV. — Chaque région a sa police « particulière servant à maintenir l'ordre « sans le secours ni de l'armée, ni des « polices régionales voisines.

« Art. V. — Toutes les prétentions et « contestations qui s'éléveraient entre des « régions seront soumises au Conseil « d'Etat. Chacune des parties choisit « entre les magistrats d'autres régions, « deux arbitres.

« Si ces contestations ont pour objet « un ou plusieurs articles du pacte fédé- « ral, elles sont soumises au Conseil « d'Etat. Le Roi et les trois ministres « nationaux sont arbitres.

« Art. VI. — Les Régions ne peuvent « former entre elles de liaisons préjudi-

« ciables au pacte fédéral, ni aux droits « des autres régions.

« Art. VII. — L'armée de mer, les « Affaires étrangères, sont sous l'unique « direction du Roi et des ministres qu'il « délègue.

« Art. VIII. — Le Roi déclare la « guerre et conclut la paix. Lui seul fait « des alliances avec des gouvernements « étrangers.

« Le Roi ne peut déclarer la guerre à « une puissance européenne sans l'auto- « risation de dix présidents de régions « sur les quinze convoqués d'extrême « urgence.

« Le Roi ne peut déclarer la guerre à « une puissance hors d'Europe sans « l'autorisation de la majorité des mem- « bres du Conseil d'Etat.

« Le Roi peut, sans aucune autorisation, « répondre à une agression par les mesu- « res militaires nécessaires.

« Les envoyés diplomatiques de la « Confédération française ressortent du « pouvoir royal (Affaires étrangères).

« Les possessions coloniales ressortent « du pouvoir royal (Marine).

« Art. IX. — Le Conseil d'Etat siège « en permanence, ses membres sont « inamovibles.

« Art. X. — L'unité des poids et « mesures est maintenue dans toute la « Confédération.

« Art XI. — La dette nationale fran- « çaise, fixée au....., à....., demeure re- « connue.

« Art. XII. — Le refus de l'impôt « prévu à l'article III est un droit dans « le cas où le Roi enfreindrait totalement « les règles tracées aux alinéas 2 et 3 de « l'article VIII.

« Art. XIII. — L'intervention directe « du Roi est un droit, dans le cas où la « région ne se conforme pas à l'article III.

« L'intervention du Roi est un droit, « dans le cas où la région ne se conforme « pas, ou qu'imparfaitement, aux lois de « recrutement, ou si elle tolère un ensei- « gnement contraire à la tradition fran- « çaise.

« Art. XIV. — Les représentations « régionales sont entièrement libres, « quant au mode de suffrage électoral, « la durée des mandats. Elles légifèrent « sur tout ce qui n'est pas spécifié dans « le présent pacte.

« Art. XV. — Le présent pacte fédéral, « ainsi que les constitutions régionales, « seront déposés dans les archives de la « Confédération. »

Suit la déclaration d'acceptation des quinze régions.

ROYAL.

10 septembre 1906.

Au Colonel Royal.

Après avoir lu votre pacte fédéral royaliste français, j'ai plusieurs questions à vous poser.

Pourquoi la moitié des membres du Conseil d'Etat est-elle au choix du roi ? Pourquoi pas la totalité au choix de vos Présidents régionaux, puisque vous dites que le Roi en est le président de droit ?

Pourquoi le Roi fait-il les lois qui régissent l'armée ?

Pourquoi dix présidents de régions sur quinze suffisent-ils à autoriser le roi à déclarer la guerre en Europe ? Et pourquoi seulement, quand il s'agit d'un Etat extra-européen, prendre l'avis du Conseil d'Etat ?

Pourquoi laisser toute latitude aux Régions, quant au mode de suffrage et à la durée d'un mandat régional ou communal ?

Pourquoi n'esquissez-vous pas les articles d'une constitution régionale, alors qu'il y a des questions primordiales comme le scrutin de liste avec la représentation proportionnelle, le vote familial, les monopoles à conserver ou à abroger, etc, etc... ?

Votre gouvernement garde-t-il le monopole des allumettes, du tabac, des postes ? Quelle sera son attitude au retour de l'exploitations des chemins de fer par lEtat, dans la question religieuse, avec l'armée, la défense coloniale, la marine, etc... ?

Les députés des Assemblées Régionales toucheront-ils une indemnité ? Et les membres du Conseil d'Etat rempliront-ils leur fonction gratuitement ?

Aurez-vous à Paris des délégués, autres que les membres du Conseil d'Etat, pour discuter les questions soumises à la centralisation ?

L'Etat aura-t-il d'autres ressources que les douanes, pour alimenter le Trésor, puisque les finances seront décentralisées ?

Ou bien êtes-vous partisan du gouvernement gratuit pour les hautes charges publiques, comme dans la République d'Athènes ?

N'aurez-vous que trois ministres d'Etat : Guerre-Marine et Affaires Etrangères-Justice ?

Lorsque le Roi se déplacera, qui votera les subventions du voyage ? Le Conseil d'Etat ou les Assemblées Régionales ?

Le Roi pourra-t-il trancher lui-même les litiges entre Régions ? S'il prend l'avis du Conseil d'Etat, n'est-il pas à redouter que celui-ci se laisse influencer par la pression d'une des deux Régions adverses ? En ce cas, le jugement pourra-t-il être rendu en toute équité ?

Quelle sera la politique extérieure de votre roi, la plus conforme aux traditions royales françaises ?

Comment agira le Roi dans les grèves ouvrières, métallurgiques, minières ou industrielles ?

Ne croyez-vous pas qu'il sera nécessaire de centraliser, du moins de faire nationales certaines lois sur la liberté du culte, la liberté de la presse, les syndicats ouvriers et syndicats mixtes, sur la perception des impôts ? Ce sont là des actes nécessaires pour maintenir l'unité nationale ; et vous les passez sous silence ?

Les ressources de l'Etat permettront-elles l'entretien de l'armée et de la marine, le paiement des fonctionnaires diplomatiques et coloniaux, la conservation des musées nationaux, des châteaux nationaux, l'entretien des routes nationales et des forêts de l'Etat ?

Je veux finir mon questionnaire, par ceci :

Pouvez-vous admettre que la forme républicaine, une et indivisible, dont la Nation se contente et à laquelle se rallient chaque jour des opposants lassés, des catholiques battus, va disparaître comme si une trappe s'ouvrait sous elle ?

Non, mon Colonel, quoi qu'il advienne de la décentralisation rêvée, laissez-moi pousser trois cris :

Vive la France !

Vivent les provinces unies !

Vive la République fédérale !

Maurice TOUSSAINT.

* *
* * *

12 septembre 1906.

A mon jeune ami Toussaint.

Quand le pacte fédéral que vous venez de lire, aura, lui ou un semblable, été accepté par la nation française, et qu'il paraîtra avec son auréole des quinze constitutions régionales ; votre inquiétude patriotique, votre septicisme républicain tomberont. Alors vous serez un des meilleurs artisans de la région qu'il vous plaira de choisir, parce que ses lois satisferont vos plus belles aspirations. En attendant voici mes réponses principales.

C'est la région qui propose tous les membres pour le Conseil d'Etat. L'équité veut que les régions étant d'égale importance, le nombre des conseillers soit égal. Si, pour fixer les idées, chaque région fournit quatre membres, le Conseil aura donc soixante conseillers. Le roi choisira deux des quatre noms mis en avant par le Président de république régionale ; les deux autres seront les élus du président, sans qu'aucune prérogative découle du choix. Ainsi me semble vouloir le principe d'égalité et d'harmonie entre l'***action extérieure*** (royale) et l'***action intérieure*** (républicaine).

Le roi fait les lois qui régissent l'armée, parce qu'il est spécialiste très compétent. C'est le sang du peuple de France, dont il disposera sans contrôle, va-t-on me dire ! Le pacte ne permet pas cet excès de pouvoir. Et puis, croyez bien qu'un chef d'Etat ne s'engage jamais dans une guerre sérieuse, avec le légendaire « cœur léger » trop connu. Guillaume lui même, ne vient-il pas d'esquisser une reculade, malgré un « hoch » ! en l'honneur de la poudre sèche et de la lance en arrêt. Si notre Roi, admirablement servi par des diplomates de tradition, juge le moment inopportun, rien ne bougera ; la France même, ignorera le danger couru. Mais si toutes les probabilités sont favorables, ô alors, du consentement instantané des présidents de régions : Première pièce, feu... et ainsi jusqu'à la dernière gargousse !

L'inamovibilité des conseillers d'Etat est une garantie d'indépendance. La longue pratique des questions constitutionnelles régionales et de pacte fédéral, les aura formés à la sagesse, pour les arrêts à rendre ; que demander de mieux ?

Une constitution régionale née d'un cerveau lorrain, champenois ou autre, verra le jour, à titre d'esquisse au moins, quand la Décentralisation radicale-patriotique aura fait des adeptes ; ce à quoi doivent tendre nos efforts,

Toutes vos questions me plaisent, j'y répondrais si je ne craignais d'abuser de l'attention du lecteur ; cependant : il n'y a que trois ministres d'Etat. Celui de la Guerre. Celui de la Marine et des Colonies. Celui des affaires Etrangères.

Vous me questionnez, sur la justice, je réponds : qu'elle est régionale, comme en Suisse elle est cantonale.

Un article du Pacte défend l'intervention royale dans aucune grève.

Un autre article parle de la contribution des régions, aux dépenses nationales. Vos dernières questions : musées, châteaux, routes, forêts, etc., etc., sont à poser aux régions intéressées.

Et maintenant, peut-on nous dire de toutes parts, comment allez vous faire pour donner un commencement de vie à vos longues élucubrations ?

Voici : Le projet de décentralisation envoyé aux journaux, n'aura pas été sans rallier à la somme des libertés qu'il procurera réellement, les esprits les plus férus de l'idée de démocratie et nous comptons tout d'abord sur eux, puis tous les désabusés, tous les clairvoyants monarchistes, même ceux que le libéralisme horripile ; en un mot, la foule des braves gens que l'anti-patriotisme n'a pas perdus sans retour. Nous sollicitons, nous obtenons le concours dévoué de la Presse restée française, et après plusieurs campagnes des organes acquis au régionalisme l'opinion publique se forme, puis se rend à l'évidence. Elle manifeste énergiquement sa volonté d'en finir avec la Centralisation.

Sous cette poussée, à laquelle rien ne peut résister, une élite se dégage ; on ne tarde pas à l'entendre dans la pleine lumière d'une aurore de liberté et de renaissance. Cette élite régionale répondant aux aspirations sociales des deux millions et demi d'habitants que la région aura en moyenne, se met résolument à la tâche ; elle siège parmi ses électeurs. Un courant de considération et d'estime mutuelles unit les bonnes volontés, les consciences. Dans la région, on est fier de ce qu'on a créé. On aime d'avance les dévouements loyaux et désintéressés. On pardonne aux erreurs généreuses. On relève les courages. Eh, n'est-on pas tous solidaires dans cette œuvre de transformation ?

Sur l'initiative d'un des présidents provisoires de régions « et en toute chose humaine l'initiative est la source du progrès », les présidents se réunissent à

Paris ; ils conviennent des articles du pacte fédéral. Le Sénat et la Chambre sentant leur impopularité en présence de l'esprit nouveau, remettent leurs pouvoirs aux mains du Gouvernement provisoire formés des quinze présidents. Le Duc d'Orléans est appelé à l'honneur de diriger notre action extérieure. Il présidera le Conseil d'Etat. Il choisit sa résidence.

C'est en sa présence que le pacte fédéral est solennellement juré ! Souhaitons que ce jour soit celui de la fête nationale : celle de la Fédération.

Les présidents retournent dans leurs régions. Le serment fédéral à légitimé leurs pouvoirs et conséquemment ceux des personnalités qui ont prouvé leur dévouement au régionalisme.

Des commissions et sous-commissions se partagent le labeur, afin de recueillir la succession des charges et responsabilités qui incombent à chaque région. Voilà comment les choses nous semblent possibles.

Sans doute, l'exemple d'un Gouvernement *centralisé* succédant à un autre de même puissance, se fait avec le minimum de difficultés ; l'histoire, de nos jours, en a donné la déplorable preuve. Le mal change de mains et reste le *mal.*

Assurément, la décentralisation est plus compliquée, mais au moins elle est génératrice d'énergies. Montrons la notre avec persévérance et nous décentraliserons.

Votre dernière question est peut-être la meilleure, la plus propre à embarrasser, celle au moins qui donne le plus à réfléchir. En effet, à la centralisation d'en haut a succédé la centralisation d'en bas. Les Français pouvaient choisir, à la condition de rester centralisés. Il ne leur a pas plu de se rendre compte que le pouvoir devait se partager. Les Grands avaient centralisé, c'était aux Petits à centraliser à leur tour ; ils goûtaient enfin le plaisir de la revanche ; et après ! Les affaires en vont-elles mieux ? Non. Il faut éclairer l'opinion, et si elle ne veut plus d'une ***république internationale***, mais exige des ***républiques régionales, dans une France aux Français;*** les ministres, les sénateurs, les députés n'auront qu'à se soumettre, en posant leur candidature pour des mandats régionaux. Ils seront ***responsables*** devant les 5 ou 6 départements de leur région ; au lieu d'être ***irresponsables*** devant les 86 départements, qui n'en peuvent mais. Du reste, il y aura quinze présidents de républiques. Un seul Roi.

Nos irresponsables auront naturellement le droit de se démettre. Mais pourquoi ? l'exercice du pouvoir sera bien plus honorable et moins lourd. Il sera plus facile de faire le bien.

Puis le merveilleux ***pacte fédéral !*** Cette promesse solennelle **d'élever nos cœurs**, c'est le « palladium » français.

C'est en vertu de ce pacte que nous contribuons, sans regret, aux dépenses militaires.

C'est le souffle puissant qu'il renferme, qui nous pousse à courir au drapeau, en paix, pour acquérir l'art de vaincre, en guerre, pour faire reculer l'agresseur en portant les premiers coups, sur son propre territoire.

Peut-être trouvera-t-on que la question de l'armée, tient trop de place dans un projet purement social : ***La décentralisation.*** Et on ne manquera pas de dire, que c'est pour faire accepter un Roi quand même. Les critiques les plus ardentes viendront du coté où on veut (voir toutes les professions de foi). Une armée forte, respectée, soustraite à la politique, etc., etc... Où on demande, que les ***écoles militaires*** soient des ***Sections de l'Université***, ce qui du reste est en passe d'aboutir. L'Université de Nancy vient d'immatriculer 54 officiers, le commandant de corps d'armée en tête.

Le Monsieur qui s'occupe du ministère de la Guerre, vient aussi de décider l'enseignement professionnel à la caserne. Sa circulaire prescrit d'aviser aux notions à donner pour l'exercice du métier futur du soldat. Elle veut des officiers conférenciers et professeurs départementaux (des civils, soit, mais des officiers !). Enfin, l'armée s'achemine vers la ***Milice.*** Même si elle vaut celle des Boërs, nous lui prédisons le même sort.

Et bien, tout cela procède de la logique forte du principe d'unité de la république. L'indivisibilité républicaine veut aller à la fraternité universelle. Une armée alors est nuisible. Une milice est inutile. Nos maîtres s'emploient à transformer l'une pour enfouir l'autre.

Certains n'hésiteront pas à juger nos projets insensés, parce que la défense du catholicisme n'y tient pas la première place et que pour eux, il n'est pas de question sociale, si la base n'en est catholique-romaine. A ceux-là nous répondons: Vous nous sommez de défendre notre foi religieuse et de ce fait la défense de notre patrie passe au second plan, car on ne peut servir deux maîtres à la fois ; et bien, nous servons le maître qui nous représente la France, parce qu'elle est en péril, puisque tout temporel est périssable. Nous servons ensuite l'Eglise, elle qui ne doit pas périr. Si demain, l'armée affaiblie parce qu'aux mains de l'Internationale, nous livre aux Allemands, nous restons catholiques quand même, mais ne sommes plus Français. Tandis que, si nous voyons bientôt l'armée réhaussée, parce que soumise à l'action royale, inspirer une crainte salutaire à nos ennemis, nous continuerons à être catholiques et Français toujours.

Les néo-royalistes sont-ils les arriérés que l'on dit ? Non, ils savent que « l'acti-« vité humaine jadis surtout guerrière, « tend à devenir exclusivement indus-« trielle ». M. A. Beaumann, rappelle cette leçon de M. de Montesquiou : « Non seulement l'industrie ne s'acco-« mode pas de la guerre, mais son déve-« loppement universel a créé, entre tous « les pays du monde, une solidarité « commerciale qui devient un obstacle « chaque jour plus sérieux aux entre-« prises belliqueuses. »

Ils savent aussi que pendant des siècles encore, il se trouvera des peuples soldats que des nations commerçantes paieront pour les jeter sur des rivaux en progrès. Si la tâche est à hauteur de leur courage, les « commerçants » guerroieront eux-mêmes. (Les Anglais en Egypte et au Transwaal.) Si le rival est fort, les « commerçants » feront battre les peuples soldats à leur place. (Les Japonais contre les Russes. La France alliée à l'Angleterre contre l'Allemagne !) Donc : si au nom de la Liberté nous réclamons des ***républiques régionales***, au nom du Patriotisme nous voulons une ARMÉE TRADITIONALISTE.

Nous voulons une ***Armée Française*** qui n'interviendra jamais entre Ouvriers et Patrons nationaux ; à plus forte raison, en faveur des capitalistes étrangers !

Le patriotisme, seul, doit être centralisé en des mains héréditaires au service d'un génie séculairement français ; dont la raison d'être, l'utilité, le bienfait et la fonction même, sont de fournir à l'Etat un arbitre supérieur.

La Centralisation pour les Guerriers !
La Décentralisation pour les Ouvriers !
Et vive la France !!!

ROYAL.

APPENDICE

En toute chose, faire ce qui dépend de soi et pour le reste, demeurer ferme et tranquille.

ÉPICTÈTE.

LISTE des personnalités auxquelles la « *Décentralisation* » a été offerte :

MM.

S. E. le Cardinal MATHIEU, de l'Académie française.

Maurice BARRÈS, de l'Académie française, député de la Seine, ancien député de Nancy.

Emile FAGUET, de l'Académie française.

Paul BOURGET, id.

Frédéric MISTRAL.

Marquis de NOAILLES, ancien ambassadeur.

Général MERCIER, sénateur de la Loire-Inférieure.

De MARCÈRE, sénateur de la Loire-Inférieure.

Comte F. de LUDRE, député de Meurthe-et-Moselle.

L. MARIN, député de Meurthe-et-Moselle.

Ch. BENOIST, député de la Seine.

DUBOIS, id.

TOURNADE, id.

Amiral Bienaimé, député de Paris.
J. Jaurès, id.
J. Guesde, id.
P. Biétry, député du Finistère.
Marquis de L'Estourbeillon, député du Morbihan.
Ch. Beauquier, député du Doubs.
Ed. Drumont.
Ch. Maurras.
Er. Judet.
Ch. Brun.
P. Boncour.
De Bouvier (l'un des signataires du Programme de Nancy 1865).
D'Oresmieulx de Fouquières.
De La Tour du Pin Chambly.
De La Barre de Nanteuil.
P. Foncin.
H. Vaugeois.
Joseph-Lucien Brun.
Docteur Le Fur.
Commandant Driant.
Gavet.
F. Bacconnier.
H. Bordage.

* *
* * *

LISTE par Régions des Journaux ou Revues auxquels la « *Décentralisation* » a été envoyée :

Socialistes patriotes, la Royauté peut s'entendre avec vous.

R. F.

Ire Région.

NORD. — *Le Grand Echo du Nord et du Pas-de-Calais.*
La Dépêche (de Lille).
La Revue des Flandres.
PAS-DE-CALAIS. — *L'Avenir d'Arras et du Pas-de-Calais.*
La France du Nord.
SOMME. — *Le Mémorial d'Amiens.*
AISNE. — *Le Progrès de l'Aisne.*
ARDENNES. — *Le Petit Ardennais.*
Le Courrier des Ardennes.

IIe Région.

SEINE-INFÉRIEURE. — *Le Journal du Havre.*
La Fédération Régionaliste Normande.
CALVADOS. — *Le Journal de Caen.*
MANCHE. — *Le Courrier de la Manche.*
EURE. — *Le Courrier de l'Eure.*
ORNE. — *L'Avenir de l'Orne et de la Mayenne.*
Le Journal d'Alençon.
EURE-ET-LOIR. — *Le Patriote de Chateaudun.*

IIe Région.

OISE. — *La République de l'Oise.*
Le Moniteur de l'Oise.
SEINE-ET-OISE. — *Le Courrier de Versailles.*
SEINE. — *La Gazette de France.*
Le Journal des Débats.
L'Autorité.
L'Action Française.
La Croix.
Le Correspondant.
L'Echo de Paris.
L'Eclair.
Le Figaro.
Le Gaulois.
L'Intransigeant.
Le Journal.
La Libre Parole.
La Lanterne.
La Nouvelle Revue.
La Petite République.
La Patrie.
Les Questions Actuelles.
La République Française.
La Revue des Deux-Mondes.
L'Action Régionaliste.
La Renaissance Provinciale
Le Soleil.
Le Siècle.
Le Temps.
L'Accord Social.
SEINE-ET-MARNE. — *La Défense de Seine-et-Marne.*
LOIRET. — *Le Républicain Orléanais.*
Journal du Loiret.

IVe Région.

MARNE. — *L'Eclaireur de l'Est.*
L'Echo de la Marne.
MEUSE. — *Le Républicain de l'Est.*
L'Indépendance de l'Est.
MEURTHE. — *La Meurthe et les Vosges.*
L'Impartial de l'Est.
L'Etoile de l'Est.
L'Est Républicain.
Le Journal de Lunéville
La Renaissance Lorraine.
L'Immeuble et la Construction.
Le Patriote Mussipontain.
Le Petit Antijuif de l'Est.
Pe Pays Lorrain.
La Brigade de Fer.
AUBE. — *Le Petit Troyen.*
HAUTE-MARNE. — *Le Petit Champenois.*
VOSGES. — *Le Vosgien.*
La Volonté Nationale.

Ve Région.

COTES-DU-NORD. — *L'indépendance Bretonne*
ILLE-ET-VILAINE. — *Le Journal de Rennes*
FINISTÈRE. — *La Dépêche de Brest.*
La Résistance.
L'Union Régionaliste Bretonne.
MORBIHAN. — *Le Morbihannais.*
MAYENNE. — *L'Echo de la Mayenne*
LOIRE-INFÉRIEURE. — *Le Nouvelliste de l'Ouest.*

VIe Région.

SARTHE. — *Le Nouvelliste de la Sarthe.*
MAINE-ET-LOIRE. — *L'Anjou.*
INDRE-ET-LOIRE. — *Le Messager d'Indre-et-Loire.*
VENDÉE. — *La Vendée.*
VIENNE. — *L'Avenir de la Vienne.*
DEUX-SÈVRES. — *Le Mémorial des Deux-Sèvres.*

VIIe Région.

LOIR-ET-CHER. — *L'Indépendant de Loir-et-Cher.*
L'Avenir de Loir-et-Cher.
CHER. — *La Dépêche du Berry.*
NIÈVRE. — *Le Journal de la Nièvre.*
INDRE. — *Le Journal du Département de l'Indre.*
ALLIER. — *Le Courrier de l'Allier.*
CREUSE. — *La République de la Creuse.*

VIIIe Région.

YONNE. — *La Bourgogne.*
COTE-D'OR. — *Le Bien Public.*
HAUTE-SAONE. — *Le Nouvelliste de la Haute-Saône.*
Le Réveil de la Haute-Saône.
BELFORT. — *Le Ralliement.*
SAONE-ET-LOIRE. — *Le Courrier de Saône-et-Loire.*
JURA. — *L'Avenir du Jura.*
DOUBS. — *La Franche-Comté.*

IXe Région.

HAUTE-VIENNE. — *Le Courrier du Centre.*
CHARENTE-INFÉRIEURE. — *Les Tablettes des Deux Charentes.*
CHARENTE. — *L'Impartial des Charentes.*
GIRONDE. — *La Gironde.*
Le Nouvelliste de Bordeaux.
DORDOGNE. — *Le Journal de la Dordogne.*

Xe Région.

LOIRE. — *Le Mémorial de la Loire.*
PUY-DE-DOME. — *Le Moniteur du Puy-de-Dôme.*
L'Avenir du Puy-de-Dôme.
CORRÈZE. — *Le Corrézien.*
CANTAL. — *L'Avenir du Cantal.*
Cobreto de l'escolo Oubergnato e del Naut Miejiour
HAUTE-LOIRE. — *La Haute-Loire.*
LOT. — *Le Journal du Lot.*

XIe Région.

HAUTE-SAVOIE. — *Les Alpes.*
AIN. — *Le Courrier de l Ain.*
RHONE. — *L'Express de Lyon.*
Le Nouvelliste de Lyon.
SAVOIE. — *Le Patriote Républicain.*
La Savoie Libérale.
ISÈRE. — *Le Réveil du Dauphiné.*
DROME. — *Le Messager de Valence.*

XIIe Région.

LOT-ET-GARONNE. — *L'Indépendant de Lot-et-Garonne.*

LANDES. — *Le Patriote Landais.*

GERS. — *La Voix du Peuple.*

BASSES-PYRÉNÉES. — *Le Mémorial des Pyrénées.*

HAUTES-PYRÉNÉES. — *Le Citoyen.*

XIIIe Région.

TARN-ET-GARONNE. — *Le Ralliement du Tarn-et-Garonne.*

TARN. — *Le Patriote Albigeois.*

HAUTE-GARONNE. — *La Dépêche de Toulouse.*

L'Express du Midi.

Le Décentralisateur.

La Revue Provinciale Régionaliste.

ARIÈGE. — *L'Avenir. (Journal de l'Ariège.)*

PYRÉNÉES-ORIENTALES. — *L'Indépendant des Pyrénées-Orientales.*

La Société d'Etudes Catalanes.

AUDE. — *Le Courrier de l'Aude.*

XIVe Région.

ARDÈCHE — *Le Patriote de l'Ardèche*

LOZÈRE. — *Le Courrier de la Lozère.*

AVEYRON. — *Le Journal de l'Aveyron.*

GARD. — *Le Journal du Midi.*

HÈRAULT. — *Le Petit Méridional.*

BOUCHES-DU-RHONE. — *Le Petit Marseillais*

Le Soleil du Midi

XV° Région.

HAUTES-ALPES. — *L'Avenir du Gapençais.*
BASSES-ALPES. — *L'Echo des Alpes.*
VAUCLUSE. — *Le Courrier du Midi.*
VAR. — *Le Petit Var.*
ALPES-MARITIMES. — *Le Phare du Littoral.*
CORSE. — *L'Union Républicaine.*

Quelques appréciations sur Décentralisation

« Sous le titre *Décentralisation*, polé-
« mique entre Royaliste et Républicain,
« vient de paraître une plaquette de 80
« pages des plus intéressantes, que beau-
« coup de nos concitoyens liront avec
« profit. C'est une série de lettres échan-
« gées entre le lieutenant-colonel Royal
« et M. Toussaint ; le premier démon-
« trant, avec une grande précision de
« style et une logique serrée d'arguments,
« que la Royauté seule peut assurer en
« France la décentralisation ; le second
« cherchant, en termes des plus courtois,
« à combattre l'argumentation du lieute-
« nant-colonel Royal.

« Mais, dans le champ des idées sai-
« nes et bonnes, le lieutenant-colonel
« Royal manie la plume aussi facilement
« qu'il maniait autrefois l'épée sur les
« champs de bataille, et il ne se laisse
« démonter ni par l'adversaire ni par le
« contradicteur. »

Journal de la Meurthe et des Vosges
(Novembre 1906).

Ce qui marque bien le caractère actuel et nécessaire du régionalisme, c'est qu'il peut se tenir en dehors et au-dessus des partis politiques. Bien loin de s'inféoder à une doctrine, il les pénètre toutes et réunit dans un même effort, des royalistes et des radicaux, des socialistes et des progressistes, de cette diversité dans les opinions naissent ces discussions qui précisent les idées et mettent en lumière des faits ignorés ou dédaignés. Cette polémique entre un royaliste et un républicain intéresse pour le souci qu'ont eu les deux adversaires de fonder leurs théories sur des faits et de serrer de près la réalité dans la construction de leurs systèmes. Par là se révèle cette qualité lorraine qui fait dire de nous que nous sommes des idéalistes pratiques.

M. le lieutenant-colonel Royal résume sa thèse dans cette formule : « Le Roi protège et ne gouverne pas. »... « Pour garantir l'existence nationale, territoriale, pendant la redoutable mais féconde expérience que les républicains régionaux feront de la liberté, il faut un pouvoir stable, donc non soumis à l'élection. »

A la pensée d'une restauration, la sensibilité lorraine de M. Toussaint s'émeut : « Mon état de Lorrain m'interdit de croire à la vertu monarchiste, parce que l'Est n'eut qu'à souffrir du régime absolu. Mieux que des phrases jetées sur du papier, trois promenades à Prény, Vaudémont, Amance, vous rappelleraient le vandalisme de la Monarchie, le jour où elle fit ruiner ces trois forteresses, rendez-vous de mes pensées lorraines devenues républicaines. » M. Toussaint propose sa formule : « La République nationale protectrice des Républiques fédérales. » « La Lorraine et la Gascogne, la Champagne et la Provence, la Picardie et l'Auvergne sont des conditions essentielles au maintien de notre nationalité française. C'est pourquoi il faut organiser la Décentralisation en bas et conserver la centralisation en haut pour la défense nationale. »

Le système du lieutenant-colonel Royal se brise contre un fait : l'extinction du loyalisme sur quoi repose l'autorité des rois. De sa thèse, il reste cependant ceci de réel : la nécessité d'un pouvoir fort pour la direction des affaires nationales. Or, dans une Démocratie, la Centralisation, bien loin d'affermir ce pouvoir, le rend plus sensible aux chocs qu'il reçoit. En effet, dans cette plaine nivelée, que balaie le suffrage universel, l'Etat reste seul debout. Il est responsable de la prospérité de tous. C'est en lui que l'individu place son espoir d'un mieux être, c'est contre lui qu'il tourne sa haine quand son espoir est déçu. Tandis que, dans une Démocratie organisée par le régionalisme, le pouvoir central est à la fois plus stable et plus énergique. Il est consolidé dans la mesure où il est débarrassé des charges qui pèsent sur lui.

Limiter un pouvoir, c'est le meilleur moyen de le fortifier.

Charles BERLET.
Le Pays lorrain (décembre 1906).

Le lieutenant-colonel Royal vient de publier une très intéressante brochure de doctrine régionaliste : *Décentralisation* (avec une carte de la France diviséee en 15 régions). L'ouvrage présente, sous forme d'une « polémique entre royaliste et républicain », un exposé nouveau et attachant du problème politique que soulève le régionalisme. Petit volume à lire et à discuter.

L'Action régionaliste
(Novembre 1906).

Décentralisation, par Royal et Toussaint : Une polémique très intéressante, très animée, entre un royaliste et un républicain.

La Renaissance provinciale
(Novembre 1906).

Sous la forme favorable, comme tout ce qui est dialogué, d'une « polémique entre royaliste et républicain » qu'il intitule : ***Décentralisation***, M. le lieutenant-colonel Royal dessine à grands traits une reconstitution totale de la France qu'il souhaite personnellement se faire sous l'égide d'un « Roi qui protège et ne gouverne pas », mais qui pourrait tout aussi bien s'effectuer sous la houlette d'un parlement en la même attitude. M. Emile Faguet a souvent prôné un principe directeur qui se rapproche fort du sien : la centralisation pour ce qui est d'intérêts international, la décentralisation pour tout le reste. Et je dois reconnaître que le plan du lieutenant-colonel Royal implique un véritable fédéralisme, à la différence des projets de tant de décentralisateurs à l'eau de rose. Ses régions sont aussi autonomes que des Cantons Suisses ou des Etats de l'Union ; elles peuvent, dit l'art. XIV du pacte fédéral, légiférer sur tout ce qui n'est pas spécifié dans le dit acte, et celui-ci ne spécifie que sur la diplomatie, la défense nationale et le budget militaire ; on prévoit même des conflits entre les régions qu'un Conseil d'Etat, sorte de Sénat interrégional, pacifierait sous l'œil du Souverain. Et cela est parfait....

cependant, que Dieu nous garde de certains tyranneaux de province ! C'est Paris qui nous sauve (?) de tous les grands hommes du Café du Commerce des sous-préfectures.

Henri MAZEL.
Mercure de France (mai 1907).

Notre illustre compatriote Maurice Barrès, a daigné donner sur la polémique engagée à propos de *Décentralisation* l'appréciation suivante :

« Mon cher Toussaint,

« La vérité n'est pas une notion définie,
« cernée, précise ; elle n'est pas un objet
« que l'on puisse toucher, manier, saisir,
« acquérir, échanger ; elle est un certain
« rapport entre un homme déterminé et
« la série des faits qu'il contemple, res-
« sent.

« Je ne vois aucune nécessité que la
« vérité du lieutenant-colonel Royal soit
« exactement celle de Maurice Tous-
« saint.

« C'est déja beaucoup qu'ils aiment
« l'un et l'autre les mêmes objets, qu'ils
« vénèrent leur terre et leurs Morts. Cela
« étant, les nuances de leurs rêves impor-
« tent peu. Il y a un nombre suffisant de
« faits qu'ils voient et sentent d'une même
« manière ; ils peuvent s'accorder, créer
« une paix sociale.

« Mais il y a maintenant parmi nous,
« des individus nés français qui détes-
« tent ou croient détester tout ce par
« quoi nous sommes portés. Avec eux il
« semble que nous n'ayons plus en com-
« mun de mots, ni de sentiments. Voilà
« les ennemis, ou plutôt voilà les dan-
« gereux égarés qu'il faut convaincre,
« émouvoir, révéler à eux-mêmes.

« Maurice Barrès. »

Dans notre besoin d'une conclusion que nous ne savons découvrir entre les lignes du Maître, nous voulons fouiller son œuvre, l'œuvre de Maurice Barrès. C'est au mur païen de Sainte-Odile, à la Tour de Brunehaut, au cimetière mérovingien du Vieil-Aître, à l'étang des morts de Bosserville, aux tombes de Wissembourg ou de Morsbronn, que Barrès a confié sa *Vérité*.

Nous la traduisons : nos morts ont souffert et ont été glorifiés par des monarques, pour la France. Nos morts se comprenaient dans les multiples questions de la vie provinciale ou régionale.

Faisons comme eux !

12 janvier 1907.

J'ai lu *Décentralisation* rapidement mais attentivement, avec le plus vif intérêt, puisque beaucoup des idées et des vues qu'elle expose nous sont communes.

Paul Bézine.

10 décembre 1906.

La brochure *Décentralisation* est plus qu'un projet de décentralisation, c'est un projet de remaniement gouvernemental, qui doit chercher à provoquer un mouvement d'opinion.

De Bouvier.

10 août 1906.

Persuadé qu'en politique tous les systèmes ont du bon, s'ils sont maniés par des mains honnêtes, je ne me suis jamais, quelles que soient mes convictions, occupé de politique, c'est vous dire que cette grosse affaire, qui a ce vilain nom de Décentralisation, ne m'a jamais eu pour militant. Je crois pourtant, pour mon acquit de conscience, avoir à ma façon et simplement comme poète assez décentralisé, que chacun en fasse autant, selon sa voie et sa partie et votre rêve, cher Monsieur, qui est assez près du mien, sera un jour réalisé.

Frédéric Mistral.

6 décembre 1906.

Je retrouve d'ailleurs tout l'esprit de votre brochure si hardiment originale et si profondément sensée, où vous proposez de vivifier la grande unité française par la constitution des unités régionales : le fait même que vous voulez bien rappeler, confirme votre thèse. Pour être en cette circonstance le plus « Français » des députés de Lorraine, comme vous le dites, il m'a suffi d'agir en bon Lorrain.

FLAYELLE,
Député des Vosges.

5 octobre 1906.

Cher Monsieur Toussaint,

Après avoir lu, avec le plus vif intérêt, votre si remarquable controverse avec M. le lieutenant-colonel Royal ; en ce qui touche la décentralisation, je tiens, comme Lorrain, comme partisan d'une République vraiment nationale, libérale, ***organisée***, à vous dire toutes mes félicitations.

Ferri de LUDRE,
Député de Meurthe-et-Moselle.

20 novembre 1906.

Entre vos idées de Décentralisation et les idées « Jaunes », il y a certainement de grandes analogies. Mais tandis que vous ne perdez jamais de vue le terrain politique, nous avons à cœur de toujours demeurer sur le terrain social.

Edouard LECOQ,
Secrétaire de la Fédération nationale et Parti des Jaunes de France.

2 novembre 1906.

Je ne suis pas de ceux qui ont le fétichisme d'une forme gouvernementale. Mais je crois que l'on doit, pour agir, se placer sur le terrain des réalisations possibles, sans même se demander ce qui serait bien idéalement...

G. Gavet,
Président de l'*Union régionaliste lorraine.*

... Ce qui m'a, disons le mot, exaspéré dans votre brochure (qui, par ailleurs, et ceci très sincèrement est intéressante), ce sont des phrases telles que celles-ci : Le Roi protège et ne gouverne pas ! !

... Parbleu, moi aussi j'ai voulu tendre une main fraternelle à des républicains ; j'ai rêvé une réconciliation générale. Et j'ai eu, quoique jeune, des désillusions.

... A quoi bon trier minutieusement les idées de contact?

Albert Croquez,
Directeur de la *Revue des Flandres.*

9 janvier 1907.

Merci bien vivement... J'ai lu et relu cette brochure toute nourrie d'idées et de saines pensées.

Edmond Bocquier,
Directeur de la *Terre Vendéenne.*

13 décembre 1906.

J'ai lu avec grand intérêt la brochure sur la Décentralisation et vous remercie infiniment. Si je l'avais connue plus tôt, j'aurais été heureux d'en citer certains passages à la tribune du Conseil général de la Seine.

Roger Lambelin.

Pensées sur la Décentralisation et le Régionalisme

La décentralisation, c'est l'économie, c'est la liberté, c'est le meilleur contrepoids, comme la plus solide défense de l'autorité. C'est donc d'elle que dépend l'avenir, le salut de la France.

Aucun pouvoir faible ne saurait décentraliser. Appuyé sur l'armée nationale, constituant moi-même un pouvoir central énergique et fort parce que traditionnel, je suis seul en mesure de ramener la vie spontanée dans les villes et dans les campagnes et d'arracher la France à la compression administrative qui l'étouffe.

M. le Duc d'Orléans.

La différence entre la France régionalisée et la France centralisée serait à peu près nulle au point de vue militaire.

Ernest Bouhaye.

Le régionalisme apportera au socialisme l'instauration d'harmonie, de santé, de souplesse, qui doit lui servir de base matérielle.

M. C. Poinsot.

Le socialisme sera fédéraliste ou ne sera pas. Il peut et doit rester Français.

PROUDHON.

La Centralisation fait admirablement l'affaire des politiciens, dont elle sert les intérêts électoraux. Mais au point de vue économique, elle est une cause d'appauvrissement et de ruine pour tout le monde.

E. DRUMONT.

Que peut il y avoir de fondé dans la prétention de niveler toutes les industries, tous les travailleurs ? Chaque région a ses coutumes, ses habitudes de travail, d'organisation propre.

(Moniteur des Syndicats ouvriers.)

Quelles sont les institutions qui doivent être décentralisées ?

La Famille, l'Eglise, l'Université, la Magistrature, les Communes, les Pays et Régions, le Travail et la Représentation nationale.

V. SAINT-LÔ.

L'entente nationale pour la reconstitution intégrale des libertés en France, sera la revanche du bon sens traditionnel, véritablement français, sur l'esprit internationaliste.

TAUDIÈRE.

En Belgique, la tradition a triomphé des institutions arbitraires. Les libertés locales, comprimées pendant vingt ans, ont fini par faire éclater les cadres que la Révolution française leur avait imposés.

Luc GAZEAU.

Non seulement je tiens ferme pour la décentralisation, mais encore mon idéal de Gouvernement est le fédéralisme.

CLÉMENCEAU.

La décentralisation est un ensemble de réformes destinées à reconstituer la patrie, à lui faire une tête libre et un corps vigoureux.

Charles MAURRAS.

Je puis avancer que le socialisme, dans ses diverses manières de manifester, repose de plus en plus sur le système fédéraliste.

Eugène FOURNIÈRE.

Le régionalisme ne limite pas ses revendications à des délimitations de compétences entre des bureaux, contre lesquels il se dresse également. Il réclame autonomie et vie pour les régions amoindries et broyées par les méfaits de la centralisation impériale.

Paul BONCOUR.

On redoute le despotisme du capital : mais quel ne sera pas celui d'une oligarchie de fonctionnaires qui, représentant l'Etat, ne discutent jamais, et ne savent que commander d'un ton bref et absolu ?

Edouard COURNAULT.

Sans rien abdiquer de nos convictions politiques et quelque éloignées que soient nos conceptions respectives de l'organisation sociale, nous pouvons nous réunir sur un terrain nettement limité, et demander aux pouvoirs publics de promouvoir des réformes sérieuses, ayant pour double objet la décentralisation administrative et l'organisation régionale.

Roger LAMBELIN.

La structure de la France, telle qu'elle a été faite par le Consulat et l'Empire, en a fait une puissance de second rang ; nous lui devons nos révolutions et nos dictatures.

TAINE.

Rendez à la France sa figure composée de pièces diverses que rejoint le sentiment patriotique, au lieu de cette grimace qui tord le masque jacobin.

Léon DAUDET.

L'*Union Régionaliste Lorraine* a eu la forte pensée de nous faire entendre (Nancy, 17 avril 1907) MM. Beauquier et Marin, députés acquis au régionalisme. La réunion, présidée par M. le sénateur Mézières, qu'entouraient M. le Maire et un nombre important de conseillers municipaux, nous a laissé cette conviction que les conférenciers, présidents de groupes, parlementaires ou parisiens, se confinaient dans des aperçus géographiques, dans des exposés de doctrines, mais évitaient de présenter un tableau complet de ce que serait la France si elle était divisée en régions. Ce silence voulu, croyons-nous, masque une pensée d'internationalisme, et non de patriotisme. Nous nous expliquons cette lacune, en nous rappelant qu'un radical-socialiste et un progressiste, tels les deux conférenciers, ont négligé par principe de parler des nécessités de la protection nationale; ils ont éludé pour ne pas avoir à conclure comme nous, à un Roi héréditaire, président d'honneur des républiques régionales françaises.

M. Beauquier nous a dit son projet de division de la France en 25 régions, remplaçant les 86 départements, créés provisoirement depuis cent sept ans. Il est entré dans le détail de la région qui aurait Nancy pour capitale.

M. Marin a passé en revue : Le Traditionalisme. Le Fédéralisme. La théorie décentralisatrice. Le Régionalisme. Pour lui, les deux premières formules se meurent ; les deux dernières, qui doivent se confondre, sont pleines de promesses réalisables.

Pour nous, ces quatre formules, loin de s'exclure, se complètent parfaitement.

Par les formes, dans la vie publique ou privée, nous renouerons la tradition.

Sur le terrain économique, nous nous affranchirons du joug de l'Etat.

Dans la région, nous nous reconstituerons une conception pratique **des Libertés** utiles.

Et comme par dessus tout nous sommes Français, nous nous ***fédérerons*** pour soutenir et défendre un seul drapeau confié à Philippe VIII.

Les conférenciers ont-ils oublié que Proud'hon, leur maître, a dit : le socialisme sera ***fédéraliste*** ou ne sera pas.

CONCLUSION

Les royalistes forts d'un passé qui, malgré les vicissitudes inhérentes à l'état humain, donna la sécurité au travail et la gloire, veulent la décentralisation sérieuse.

Les républicains poursuivant leur rêve d'avenir, qui conduit fatalement au communisme, à la mise en caserne des deux sexes, surveillés par une foule fonctionnarisée, ont manifestement peur de la décentralisation. Ils affectent de craindre pour la Patrie ; argument spécieux, puisque leur république, la vraie selon nous, doit logiquement supprimer toutes les patries !

Un royaliste est obligatoirement patriote.

Un républicain conscient, est forcément anti-patriote.

Il faut savoir choisir. Or, nous disons que les meilleures leçons nous sont données par l'expérience loyalement faite. C'est donc à des expériences aussi variées que le conseillent les mentalités régionales diverses de nos régions, que nous convions tous ceux que la Liberté fascine depuis un long siècle. Tous ceux que le Socialisme enchante depuis que les gouvernants en France, spéculent sur le mot, sans oser donner la chose.

Eh bien, nous crions à tous : Essayez donc la *liberté* de vos rêves. Pratiquez le donc ce *Socialisme* qui vous assurera le bonheur, mais seulement, si vous êtes résolus à respecter la *vertu*. Nous faisons crédit à toutes les bonnes volontés, parce que un Roi assuré du lendemain. Un Français prudent et ferme protège nos essais, nos folies peut-être, qu'importe.

L'expérience est le seul maître à écouter aujourd'hui. Celle du passé ne compte plus, disent ceux qui vibrent, et nous leur répétons : Mettez en œuvres vos conceptions, mais ne les imposez pas brutalement à tous, puisque vous ne pouvez en garantir les bienfaits, avant d'avoir vous même donné l'exemple du respect *des libertés*.

Quant aux patriotes, c'est vers le Roi de la France décentralisée, que se tourneront leurs regards dans l'anxiété, leurs bras dans le péril extérieur, parce qu'Il incarnera Celle qui ne veut pas mourir.

Lieutenant-Colonel ROYAL.

www.ingramcontent.com/pod-product-compliance
Ingram Content Group UK Ltd.
Pitfield, Milton Keynes, MK11 3LW, UK
UKHW012238240726
13966UKWH00003B/1152